BARBIER-VÉMARS.

SOUFFLEUR FRANÇAIS.

LE SOUFFLEUR FRANÇAIS.

OUVRAGES

DU MÊME AUTEUR.

HERMES ROMANUS, ou Recueil, en vers et en prose, de la plus pure latinité des temps modernes, contenant un très-grand nombre de pièces de vers sur des sujets récens, de nouvelles amusantes, de contes en prose, de bons mots et d'historiettes, d'énigmes, de logogriphes et de charades, avec les annales complètes de la langue latine depuis Romulus jusqu'à Auguste, et des extraits de chaque auteur; ouvrage pour lequel le gouvernement a pris deux cents souscriptions; 6 vol. *in*-12.

NOCTES FABULOSÆ, ou Veillées latines, Recueil de contes amusans, d'une latinité facile et pure, extraits de l'*Hermes romanus;* in-12.

LE SOUFFLEUR FRANÇAIS,

OU

MOYEN ÉPROUVÉ DE FAIRE RETENIR A LA MÉMOIRE LA PLUS INGRATE DES MILLIERS DE VERS FRANÇAIS, SANS AUCUNE ESPÈCE DE PROCÉDÉ MNÉMONIQUE NI D'ÉTUDE PRÉLIMINAIRE.

PAR J. N. BARBIER-VÉMARS,

ANCIEN PROFESSEUR.

Un peu d'aide fait grand bien.
PROV.

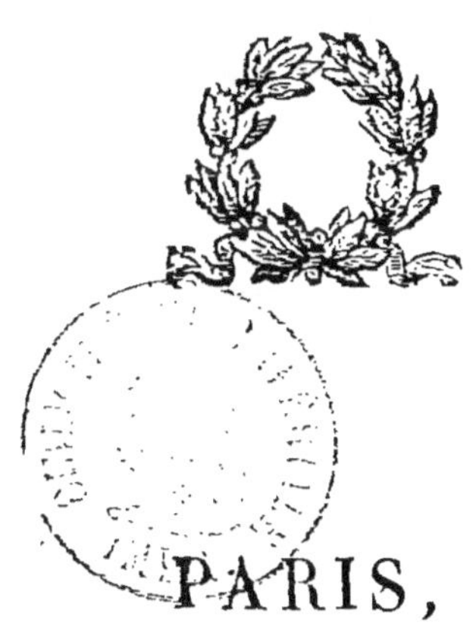

PARIS,

DE L'IMPRIMERIE D'AUG. DELALAIN,

Libraire-Editeur, rue des Mathurins-St.-Jacques, N°. 5.

M DCCC XXXI.

DE L'USAGE DU SOUFFLEUR.

On soutient l'enfant qui essaie ses premiers pas ; l'aide la plus légère permet à l'apprenti nageur de rester à la surface de l'eau : ainsi quelques secours donnés d'abord à la mémoire suffiront pour la rendre bientôt capable des plus grands efforts. Une longue expérience nous a démontré que la plus ingrate pouvait devenir excellente, pourvu qu'on en favorisât par quelque artifice les premiers développemens. Nous avons fait apprendre à des enfans condamnés comme ineptes, et même à des adultes qui avaient désespéré d'eux-mêmes, des tragédies et des poëmes entiers, en français, en latin et en grec. Le procédé est si simple que toute personne qui sait lire est en état de l'appliquer. Une mère peut, sans aucune peine, développer la mémoire de son enfant, au point de la meubler richement en quelques mois.

On commence ordinairement, et avec raison, par faire apprendre des vers. Commençons donc par La Fontaine, qui jouit depuis si long-temps du privilége d'initier l'enfance à l'étude des lettres.

Les exercices contenus dans le *Souffleur* sont

numérotés depuis 1 jusqu'à 292. Donnez à votre élève le n° 1, et le livre des fables de La Fontaine. A mesure qu'il aura appris un vers, dans le livre, il le répétera sur le *Souffleur*, qui lui en présente seulement le dernier mot ou la rime. Permettez-lui *toujours* de regarder le *souffleur*, qui le soutiendra pour la répétition des vers déjà sus, car vous devez constamment lui faire répéter la fable depuis le commencement jusqu'à l'endroit où il en est. Soyez sûr qu'il ne tardera pas à vous dire, sur le *Souffleur*, la première fable tout entière.

N'essayez pas alors de la lui faire réciter sans ce secours; attendez qu'il ferme le *Souffleur* de lui-même, ce que son amour-propre, adroitement stimulé, lui fera bientôt faire, pourvu que vous ne l'exigiez jamais.

Dès que le n°. 1 est su à l'aide du *Souffleur*, passez au n°. 2, et gardez-vous bien d'attendre jusqu'à ce que le n°. 1 soit récité de pure mémoire : vous fatigueriez l'élève; vous le rebuteriez peut-être, et assurément vous iriez moins vite qu'en suivant la marche indiquée.

Les fables de La Fontaine occupant les 241 premiers numéros, vous sentez que ces 241 fables ne doivent être apprises ni toutes, ni à la suite l'une de l'autre. C'est à vous à choisir, sur la table qui se trouve à la fin du *Souffleur*, les fables les plus amusantes pour l'élève. Vous serez étonné de la rapidité de sa marche après un mois d'exercice; c'est alors que de lui-même, après avoir récité deux ou trois fois une fable avec notre secours, il se fera fort de la dire de pure mémoire, et y réussira complètement.

Dès que l'élève est en état d'apprendre lestement une fable, vous le faites passer au n°. 262, c'est-à-dire à l'*Art poétique* de Boileau. Ici la difficulté augmente un peu, car au lieu de *souffler* le dernier mot de chaque vers, nous ne donnons que la première rime de chaque distique; l'élève n'a donc plus que le secours d'*un* mot sur *deux* vers : mais il est devenu assez fort pour y trouver un appui suffisant. Si toutefois cet exercice le fatiguait, vous le remettriez aux Fables une ou deux semaines de plus pour le ramener ensuite au poëme de Boileau.

A l'*Art poétique* succède le *Lutrin* n°s. 266 à 271, et au *Lutrin* le poëme de *la Religion*, par Racine le fils, n°s. 272 à 277. Vient ensuite la *Henriade* de Voltaire, dont les dix chants s'étendent du n°. 278 au n°. 287. Enfin le *Ver-vert* de Gresset occupe les n°s. 288 à 291.

Certes, il n'est pas nécessaire de faire apprendre tous ces poëmes à l'élève; l'*Art poétique* doit seul être su tout entier ; pour les autres, vous choisirez les chants ou les morceaux qui vous paraîtront les plus convenables.

Si vous désirez que l'élève apprenne aussi de

la prose, notre procédé est encore applicable : nous n'en avons donné qu'un seul exemple au n°. 292; c'est le premier Livre du *Télémaque* réduit à quelques mots qui servent de jalons assez rapprochés pour ne pas permettre à la mémoire de s'égarer.

Voulez-vous apprendre vous-même, ou faire apprendre d'autres morceaux que ceux dont nous avons fait choix pour le *Souffleur*, vous portez sur un cahier les jalons nécessaires : ainsi nous avons eu des élèves qui avaient copié le premier mot de chaque vers de Phèdre, d'Horace, de Virgile, de Sophocle, ou d'Homère, et qui, sur ce souffleur manuscrit, lisaient en courant chacun de ces auteurs sans hésiter le moins du monde. Cet agréable exercice, qui ne cause aucune fatigue, enrichit la mémoire d'une foule de vers qu'on n'aurait jamais eu le courage d'apprendre autrement.

Ce simple énoncé porte avec soi une si palpable évidence, que nous croyons n'y devoir rien ajouter.

1.
chanté
été
dépourvue
venue
morceau
vermisseau
famine
voisine
prêter
subsister
nouvelle
elle
animal
principal
prêteuse
défaut
chaud
-prunteuse
venant
déplaise
aise
maintenant

2.
perché
fromage
alléché
langage
corbeau
beau
ramage
plumage
bois
joie
voix
proie
monsieur
flatteur
écoute
doute
confus
plus

3.
bœuf
taille
œuf
travaille
grosseur
sœur
encore
voilà
pécore
creva
sages
seigneurs
-assadeurs
pages

4.
chargé
gabelle
belle
soulagé
relevé
sonnette
présentant
argent
jette
arrête
défendant
soupire
promis
retire
péris
camarade
emploi
moi
malade

5.
peau
garde
beau
mégarde
quartiers
volontiers
bataille
taille
hardiment
-mblement
-mpliment
admire
sire
chien
bien
misérables
diables
faim
lipée
épée
destin
faire
gens
mendians
complaire
salaire
façons
pigeons
caresse
félicité
tendresse
pelé
chose
attaché
cause
pas
importe
repas
sorte
trésor
encor

6.
brebis
voisinage
jadis
dommage
pris
envoie
compta
proie
dépeça
sire
raison
lion
dire
encor
fort
troisième
quatrième
d'abord

7.
respire
grandeur
redire
peur
chose
cause
-mparaison
vôtres
non
autres
reproché
ébauché
peindre
plaindre
fort
encor
oreilles
beauté
écouté
pareilles
appétit
grosse
petit
colosse
tous
fous
sommes
nous
hommes
prochain
souverain
manière
-jourd'hui
derrière
autrui.

8.
voyages
vu
retenu
orages
éclos
matelots
sème
sillons
oisillons
extrême
coin
chemine
loin
ruine
envelopper
attraper
machine
saison
prison
chaudron
hirondelle
moi
elle
quoi
verte
brin
grain
perte
dit-on
donnes
personnes
canton
crue
bien
venue
rien
terre
blés
occupés
guerre
réseaux

FABLES.

oiseaux
place
climat
bécasse
état
ondes
mondes
sûr
mur
entendre
-fusément
Cassandre
seulement
autres
retenu
nôtres
venu

9.

ville
champs
civile
ortolans
Turquie
mis
vie
amis
honnête
festin
fête
train
salle
bruit
détale
suit
retire
aussitôt
dire
rôt
rustique
moi
pique
roi
terrompre
loisir
plaisir
corrompre

10.

meilleure
heure
désaltérait
pure
aventure
attirait
breuvage
rage
témérité
majesté
colère
considère
désaltérant
courant
d'elle
façon
boisson
cruelle
passé
né
mère
frère
tien
guère
chien
venge
forêts
mange
procès

11.

rivaux
monde
faux
profonde
officieux
yeux
dames
marchands
galans
femmes
confiner
s'imaginer
aventure
pure
écartés
irrités
veine
eau
beau
peine
venir
extrême
entretenir
même
autrui
légitimes
celui
maximes

12.

seigneur
empereur
empire
dire
dépendans
puissans
armée
sens
renommée
fournir
souvenir
vraie
passer
haie
glacer
s'effraie
mal
animal
ouverture
aventure
chef
présente
rechef
épouvante
aussi
autre
ainsi
nôtre

13.

battaient
vendre
frottaient
défendre
larron
Aliboron
province
prince
Hongrois
trois
-chandise
conquise
net
baudet

14.

personnes
roi
moi
bonnes
esprits
prix
payée
entrepris
essayée
nus
inconnus
mérite
petite
héros
dire
propos
écrire
glorieux
lieux
davantage
dieux
ouvrage
talent
galant
-nchement
reste
céleste
cependant
vie
choisis
amis
compagnie
peur
louange
mange
humeur
porte
-mptement
cohorte
dent
éloge
vers
déloge
envers
vraie
plafonds
étaie
flacons
échansons
complète
poëte
athlète
conviés
estropiés
affaire
salaire
dieux
mère
mieux
faire
-ièrement
largement
-elpomène
peine
prix
grâce
Parnasse
amis

FABLES.

15.
jours
secours
belle
cruelle
effet
montre
objet
rencontre
effroi
toi
homme
impotent
somme
content
autant

16.
ramée
ans
pesans
enfumée
douleur
malheur
monde
ronde
repos
impôts
corvée
achevée
tarder
faire
aider
guère
guérir
sommes
mourir
hommes

17.
âge
grison
saison
mariage
comptant
partant
plaire
tant
affaire
part
mûre
art
nature
badinant
fête
testonnant
tête
emportait
restait
guise
tour
grise
tour
belles
tondu
perdu
nouvelles
façon
mienne
tienne
leçon

18.
frais
cicogne
apprêts
besogne
-ichement
assiette
miette
moment
tromperie
prie
amis
cérémonie
logis
hôtesse
politesse
à point
point
viande
friande
-barrasser
-bouchure
passer
mesure
logis
prix
oreille
écris
pareille

19.
voir
vaine
choir
Seine
trouva
sauva
saule
école
péris
cris
s'avise
babouin
sottise
soin
faille
canaille
sort
bord
pense
pédant
avance
grand
engeance
songer
langue
danger
harangue

20.
détourna
donna
lapidaire
dit-il
mil
affaire
hérita
porta
libraire
bon
ducaton
affaire

21.
artisan
trouvèrent
-clamèrent
s'opposant
cause
chose
rayons
longs
abeilles
frélons
pareilles
raisons
lumière
-urmillière
éclairci
ceci
prudente
pendante
jours
gâte
hâte
ours
-locutoires
grimoires
nous
doux
bâties
voir
savoir
parties
procès
mode
code
frais
gruge
longueurs
juge
plaideurs

22.
roseau
nature
fardeau
aventure
eau
tête
pareil
soleil
tempête
zéphyr
feuillage
voisinage
souffrir
orage
souvent
veut
injuste
arbuste
souci
-doutables
jusqu'ici
-vantables
dos
mots
furie
enfans
flancs
plie
efforts
déracine
voisine
morts

23.
Calliope
promis
Esope
amis
Parnasse

FABLES.

fictions
inventions
fasse
nouveau
agneau
plantes
parlantes
-antement
critiques
-fiquement
enfant
-hentiques
Troyens
murailles
moyens
batailles
cité
inventé
artifice
Ulysse
impétueux
-onstrueux
Troie
proie
-bricateurs
peine
auteurs
haleine
bois
phalanges
étranges
voix
style
Amarille
soins
témoins
saules
paroles
priant
amant
rime
instant
légitime
vertu
fonte

tu
conte
dangereux
plaire
-alheureux
satisfaire

24.

Rodilardus
-éconfiture
plus
sépulture
trou
soûl
misérable
diable
loin
femme
dame
coin
présente
prudente
tard
Rodilard
guerre
terre
moyen
doyen
salutaire
grelot
sot
faire
vus
tenus
moines
chanoines
délibérer
foisonne
exécuter
personne

25.

volé
vie
appelé

plaidé
partie
travaillé
embrouillé
justice
contesté
tempêté
malice
amis
amende
pris
demande
travers
pervers

26.

-osséderait
empire
soupirait
dire
croassant
dit-elle
querelle
chassant
fleuries
prairies
roseaux
eaux
pâtisse
génisse
sens
demeure
dépens
heure
tems
grands

27.

baissée
fut
courroucée
accourut
produire
nuire
fiction

belette
pauvrette
profession
nouvelles
univers
ailes
airs
bonne
donne
retirer
étourdie
fourer
ennemie
vie
museau
oiseau
outrage
pas
plumage
rats
chats
repartie
vie
changeans
figue
gens
ligue

28.

empennée
destinée
douleur
malheur
ailes
mortelles
pitié
nôtre
moitié
autre

29.

terme
pesant
consent
s'enferme

revient
quinzaine
peine
obtient
redemande
lit
dit
bande
hors
forts
regrette
prête
coups
combattre
vous
quatre

30.

lapin
vîte
chemin
gîte
blotit
asile
dit
facile
-alheureux
prie
vie
deux
compère
mot
escarbot
taire
indigné
absence
espérance
épargné
ménage
rage
souffert
perd
affligée
haut
saut

vengée
bois
mois
Ganimède
aide
paix
intérêts
défendre
prendre
pas
note
crotte
bas
-dvertance
Jupiter
désert
-pendance
-ravagance
tut
comparut
affaire
tort
d'accord
faire
amour
escarbote
marmote
jour

31.

terre
lion
-oucheron
guerre
roi
soucie
toi
fantaisie
mots
charge
héros
large
cou
fou
étincelle
-environ
universelle
-oucheron
harcelle
museau
naseau
montée
voir
irritée
devoir
lui-même
flancs
extrême
dents
gloire
victoire
chemin
araignée
fin
enseignée
ennemis
petits
soustraire
affaire

32.

main
Romain
oreilles
courier
prier
bouteilles
pélerins
chemins
arrivèrent
trouvèrent
gué-là
monta
bête
tête
précipita
échappa
nagées
bien
rien
soulagées
lui
autrui
plonge
éponge
grison
raison
pesante
d'abord
bord
attente
mort
n'importe
point
sorte
point

33.

monde
soi
foi
abonde
-lion
étourdi
occasion
-vie
perdu
cru
affaire
forêts
rets
défaire
dents
ouvrage
tems
rage

34.

petits
colombe
tombe
fourmis
rive
charité
jeté
arrive
là-dessus
nus
arbalête
venus
fête
s'apprête
talon
tête
long
s'envole
obole

35.

choir
bête
voir
tête
avant
hommes
sommes
souvent
dire
lire
chanté
antiquité
providence
science
tort
sort
incertaines
-uveraines
dessein
sein
étoiles
voiles
esprit
écrit
inévitables
incapables
prévenus
venus
croire
cours
jours
noire
insérer
éclairer
semences
influences
divers
univers
horoscope
Europe
tems
gens
histoire
boire
mensonger
chimères
danger
affaires

36.

songeait
songe
plongeait
ronge
peureux
-alheureux
profite
divers
maudite
ouverts
cervelle
elle
foi
moi
lièvre
guet
inquiet
fièvre
animal
matière
signal
tannière
étang
ondes
profondes
autant

présence
camp
vaillance
moi
guerre
terre
soi

37.

sentinelle
matois
voix
querelle
fois
embrasse
grâce
manquer
vaquer
affaires
frères
soir
recevoir
fraternelle
jamais
nouvelle
celle
paix
joie
levriers
couriers
envoie
nous
tous
faire
affaire
aussitôt
haut
stratagême
même
peur
trompeur

38.

mouton
affaire
glouton
faire
troupeau
beau
sacrifice
dieux
yeux
nourrice
état
pâture
s'abat
créature
toison
extrême
façon
-olyphême
corbeau
retraite
beau
amusette
nette
voleurs
leure
seigneurs
demeure

39.

Junon
raison
murmure
don
nature
créature
éclatans
printems
colère
taire
rossignol
col
soies
déploies
yeux
lapidaire
cieux
plaire
propriétés
qualités
partage
courage
présage
venir
ramage
punir
plumage

40.

chatte
délicate
doux
fous
larmes
charmes
destin
matin
même
moitié
extrême
amitié
belle
favori
nouvelle
mari
flatte
chatte
bout
par-tout
natte
mariés
pieds
aventure
posture
point
figure
point
amorce
force
accompli
pli
ordinaire
-coutumer
faire
reformer
étrivières
manières
-bâtonnés
maîtres
nez
fenêtres

41.

tête
fête
moineaux
beaux
affaire
ministère
Stentor
cor
ramée
son
maison
-ccoutumés
voix
-uvantable
bois
inévitable
lion
occasion
chasse
crié
race
effrayé
colère
raison
fanfaron
caractère

42.

vrai
Grèce
sagesse
essai
gentilles
lecteur
filles
humeur
coquette
parfaite
testament
-unicipales
égales
tant
d'elles
part
femelles
tard
entendre
testateur
-mprendre
sœur
héréditaire
mère
moyen
bien
moyen
bien
père
avocats
cas
manières
vaincus
héritières
surplus
veuve
treuve
traité
volonté
rente
courante
lots
bouteille
treille
brocs
Malvoisie
mots
goinfrerie
-oquetterie
exquis
coëffeuses
brodeuses.

prix
ménage
pâturage
labeur
faire
sœur
plaire
inclination
estimation
Athènes
arriva
approuva
trouva
peines
justement
testament
Attique
lui
pique
-jourd'hui
suprême
parlé
même
gré
-onvenable
agréable
attirail
buveuses
bétail
coëffeuses
Phrygien
moyen
filles
bien
familles
argent
comptant
père
testament
faire
sens
gens

43.

aînesse
Grèce
-oissonner
glaner
désertes
-couvertes
inventé
conté
lyre
dire
témoins
soins
pric
vie
passé
avancé
pense
naissance
séjour
cour
charmes
alarmes
buter
contenter
monde
réponde
fils
petits
mémoire
foire
débit
suspendit
lustre
rustre
s'éclata
gens-là
pense
ignorance
détaler
aller
cure
aventure
déplut
put
dise
grise
monter
contenter
monte
honte
fils
assis
sage
âge
croyez
renvoyés
croupe
troupe
fous
coups
bourique
-omestique
peau
cerveau
père
manière
deux
eux
mode
-commode
lasser
enchâsser
âne
Jeanne
dit
repartit
avoue
loue
rien
bien
prince
province
-ernement
nullement

44.

royauté
ouvrage
côté
image
ressent
lassant
-tilhomme
Gaster
air
somme
pas
repas
apprendre
prendre
marcher
chercher
-epentirent
langueur
cœur
perdirent
virent
paresseux
qu'eux
royale
égale
-oquement
aliment
peines
magistrat
soldat
-uveraines
état
dire
sénat
empire
dignité
côté
guerre
posté
terre
voir
semblables
fables
devoir

45.

part
voisinage
renard
personnage
hoqueton
bâton
cornemuse
ruse
chapeau
troupeau
faite
houletie
doucement
herbette
-ondément
musette
-reillement
faire
brebis
habits
nécessaire
affaire
voix
bois
mystère
son
garçon
esclandre
hoqueton
défendre
prendre
loup
beaucoup

46.

lassant
-ocratique
tant
-narchique
pacifique
tombant
-récageuse
peureuse
eaux
roseaux
marécage
visage
nouveau
soliveau

première
-venturant
tanière
tremblant
autant
-urmillière
familière
roi
coi
rompue
remue
grue
tue
plaisir
plaindre
désir
astreindre
ièrement
-ernement
suffire
doux
vous
pire

47.

compagnie
encornés
nez
tromperie
puits
desaltère
pris
compère
d'ici
aussi
èchine
-ièrement
élevant
machine
sortirai
tirerai
loue
toi
moi
avoue
-ompagnon
sermon
patience
excellence
menton
légère
hors
efforts
affaire
chemin
fin

48.

creux
deux
partage
tripotage
accord
mort
mères
guères
-ssamment
mine
-surément
ruine
dévorés
assurés
plainte
crainte
droit
endroit
gésine
voisine
avis
petits
dire
moi
effroi
retire
besoins
moins
soins
famine
obstine
occasion
mine
irruption
personne
aiglonne
trépas
chats
traîtresse
adresse
sortis
Pandore
abhorre
avis

49.

revient
remédie
souvient
appuie
Bacchus
bourse
course
écus
treille
bouteille
tombeau
nouveau
treuve
corps
morts
veuve
Alecton
ton
bière
Lucifer
manière
enfer
phantôme
royaume
manger
noire
songer
boire

50.

araignée
vanter
lignée
redouter
habiter
étroites
dorés
retraites
bûchettes
tirez
plaise
pleins
médecins
aise
piquet
homme
chomme
paquet
somme
lambris
vie
ourdie
pris
ouvrage
balai
déménage
essai
campagne
fois
Aragne
bois
tracassée
pansée
résister
écouter
cabane
changer
loger
condamne
bouger
honte
pis
compte
logis

51.

-onnement
frairie
tellement
vie
gosier
crier
cicogne
accourt
besogne
tour
salaire
loup
commère
beaucoup
cou
ingrate
patte

52.

peinture
tracé
stature
terrassé
gloire
caquet
effet
victoire
déçus
feindre
dessus
peindre

53.

normand
treille
-aremment
vermeille
repas
atteindre
goujats
plaindre

54.

ménagerie
remplie

oison
maître
être
maison
galeries
nager
plonger
envies
coup
cou
potage
ramage
surpris
mépris
soupe
coupe
bien
croupe
rien

55.

déclarée
brebis
partis
égarée
habits
pâturages
carnages
biens
ôtages
chiens
ordinaires
-missaires
louvats
tuerie
bergerie
pas
gras
retirent
-rettement
surement
dormant
sentirent
échappa
là

continuelle
soi
elle
foi

56.

forêts
prouesse
sujets
faiblesse
pied
corne
morne
estropié
plaintes
courir
mourir
atteintes

57.

hirondelle
s'écarta
s'emporta
Philomèle
vous
vue
venue
nous
faire
solitaire
doux
musique
animaux
rustique
beaux
merveilles
bois
autrefois
pareilles
appas
outrages
pas
hélas
davantage

58.

rien
noie
bien
joie
propos
fable
flots
déplorable
corps
aventure
sépulture
bords
disgrace
accident
demandant
trace
bas
rivière
pas
arrière
inclination
emporte
-tradiction
sorte
saison
-tredisante
raison
non
pente
naîtra
mourra
contredira
par-delà

59.

fluet
étroit
maladie
discrétion
lie
vie
occasion
conclusion
rebondie

soûl
trou
méprise
tours
surprise
jours
peine
pleine
sortir
autres
-profondir
vôtres

60.

fables
chats
rats
misérables
auteur
-rminateur
ronde
monde
appui
souricières
lui
tanières
-isonnières
chercher
plancher
scélérate
patte
châtiment
fromage
dommage
garnement
-nimement
-terrement
tête
rats
pas
quête
fête
tombant
-aresseuses
gobant

creuses
avertis
logis
Mitis
affine
s'enfarine
déguisé
ouverte
avisé
perte
autour
tour
bataille
vaille
chats
machine
farine
pas
prudence
-périmenté
méfiance
sureté

61.

attraits
modèle
belle
près
favorable
fable
-pouvanter
dompter
maître
connaître
coups
vous
offense
souffrir
assurance
offrir
-naissance
parlaient
voulaient
alliance
engeance

FABLES.

là
-telligence
cela
alla
parentage
pré
gré
mariage
souhaité
terrible
dur
sûr
possible
matin
clandestin
manière
fiers
volontiers
crinière
-vertement
amant
délicate
blesser
caresser
patte
dents
tems
rudes
délicieux
mieux
-quiétudes
cela
aveuglée
voilà
-émantelée
chiens
résistance
tiens
prudence

62.

soins
-mphitrite
petite
moins
plage
troupeau
eau
naufrage
brebis
jadis
rivage
Tircis
davantage
profits
laine
haleine
vaisseaux
eaux
autre
nôtre
inventé
vérité
expérience
assuré
espérance
condition
ambition
oreilles
plaindront
merveilles
viendront

63.

prix
première
esprits
matière
animal
égal
table
toi
misérable
soi
moi
roi
belle
veux
cheveux
naturelle
beauté
conquête
emprunté
tête
dit
ménagère
maudit
première
dieux
mieux
profanes
ânes
pas
trépas
punie
jolie
moi
pourquoi
mérites
parasites
vain
pensées
chassées
faim
misère
-émisphère
travaux
vaux
pluie
mélancolie
exemptera
là
gloire
travailler
armoire
babiller

64.

jardinage
manant
village
attenant
étendue
laitue
bouquet
serpolet
troublée
plaignit
goulée
rit
crédit
défie
Miraut
bientôt
vie
long-tems
gens
tendres
approchez
gendres
entendez
escarcelle
elle
asseoir
mouchoir
belle
respect
suspect
cuisine
mine
seigneur
cœur
famille
endentés
libertés
fille
déjeûné
prépare
tintamarre
étonné
équipage
carreaux
porreaux
potage
chou
trou
plaie
haie
mal
cheval
prince
gens
tems
ans
province
vous
fous
guerres
terres

65.

talent
grâce
fasse
galant
gratifie
vie
laisser
fable
aimable
caresser
ame
mignon
compagnon
madame
bâtons
patte
baisé
flatte
aisé
pensée
-urdement
usée
-eusement
ornement
hardie
maladie
mélodie
bâton
ton
comédie

66.

belettes
chats

rats
étroites
-abitations
échine
imagine
-structions
année
foison
Ratapon
armée
part
étendart
renommée
balança
engraissa
bande
grande
endroits
souriquois
entière
Artapax
-étidarpax
poussière
long-tems
-mbattans
vaine
sort
fort
capitaine
tous
trous
prête
travail
tête
plumail
aigrettes
honneur
belettes
peur
malheur
crevasse
eux
populace
creux
jonchée
rats
-panachée
embarras
équipage
passage
-tardement
affaire
aisément
faire

67.

usage
voyageurs
voyage
bateleurs
équipage
naufrage
péri
ami
histoire
croire
put
occurrence
-semblance
salut
homme
asseoir
voir
renomme
bord
demande
grande
fort
affaire
parens
rangs
maire
merci
aussi
présence
pense
ami
-naissance
coup
homme
beaucoup
Rome
dru
vu
tête
considéré
tiré
bête
trouver
sauver

68.

bois
oreilles
merveilles
trois
offrandes
guirlandes
fût
grasse
échût
grâce
endroit
sorte
souffrait
forte
rien
idole
bien
obole
autels
naturels
stupides
bâton
vides
ton

69.

plumage
-commoda
panada
-ersonnage
bafoué
joué
forte
réfugié
porte
lui
autrui
plagiaires
ennui
affaires

70.

chameau
nouveau
faire
-romadaire
familier
singulier
vue
continue
sujet
guet
objet
dire
navire
brûlot
balot
onde
monde
bien
rien

71.

autrui
même
-jourd'hui
extrême
pris
nourris
carême
esprits
langue
festin
soudain
harangue
bain
voyage
marécage
enfans
habitans
publique
aquatique
empêché
aide
remède
attaché
affaire
commère
eau
jurée
curée
morceau
croque
moque
nouveau
ronde
onde
moyen
lien
bien
proie
joie
façon
poisson
ourdie
inventeur
perfidie
auteur

72.

antiquité
connue
moralité
nue
lieux
Alexandre
cieux
attendre
rendre
-rmisseaux
oiseaux
dis-je
terreur

FABLES.

empereur
lige
fois
lois
tanière
conclut
tribut
manière
écrit
dit
peine
argent
obligeant
domaine
voulut
tribut
offrirent
chameau
unirent
nouveau
passage
point
point
voyage
part
-mbarrasse
grâce
quart
grande
état
bande
combat
pratique
reçu
issu
publique
pré
diapré
vie
patrie
gens
malade
ambassade
dedans
salutaire

tems
affaire
écria
joie
monnaie
délà
mères
dessus
guères
confus
remirent
plaignirent
raison
lion
corsaires
affaires.

73.

hommes
-ntentaient
habitaient
sommes
bâts
combats
carrosses
pas
nôces
différend
vitesse
courant
adresse
dos
repos
vie
remercie
vous
sauvage
nous
usage
traité
litière
chère
liberté
folie
écurie

bâtie
lien
offense
vengeance
bien
rien.

74.

théâtre
idolâtre
voit
examine
aperçoit
mine
héros
propos
nature
sculpture
point
point.

75.

mamelle
nouvelle
locquet
biquet
vie
dic
guet
race
mots
passe
propos
mémoire
croire
glouton
ton
papelarde
loup
coup
regarde
point
point
usage
langage

soi
foi
fortune
entendu
une
perdu.

76.

mémoire
pris
histoire
logis
porte
sorte
brebis
provende
ennuyer
crier
-urmander
taît
prêt
aventure
géniture
tuerons
moutons
traite
sot
marmot
noisette
maison
fières
manières
dit-on
affaire
mère
dessein
faim
bête
tête
mit
écrit
mie
crie

77.

bâtit
ouvrage
mentit
personnage
avis
petits
peine
amis
pleine
raison
maison
repose
nom
chose.

78.

unie
Phrygie
invention
envie
ambition
gloire
séans
histoire
enfans
appelait
parlait
ensemble
assemble
efforts
forts
posture
aventure
résista
éclata
montre
rencontre
tort
effort
concorde
accorde
discours
jours
pères

frères
mourant
pleurant
frères
affaires
procès
succès
rare
sépare
consultans
tems
chicane
condamne
aussitôt
défaut
contraire
faire
tard
part.

79.

terre
enserre
dieux
yeux
faire
fagot
mot
inventaire
Apollon
sanctuaire
non
dit-on
bête
aussitôt
défaut
tête
moineau
panneau
stratagème
même

80.

possession
passion
somme
homme
qu'eux
gueux
propose
chose
atendait
vie
possédait
enfouie
déduit
nuit
sacrée
mangeât
songeât
enterrée
vit
dire
nid
soupire
déchire
cris
pris
pierre
guerre
fait
cabinet
demeure
heure
cela
va
grâce
tant
argent
place
autant

81.

bœufs
eux
asile
pas
gras
utile
regret
secret
courage
fourage
jours
tours
aventure
ramure
forêts
étable
Cérès
favorable
bien
revue
venue
rien
ronde
monde
ratelier
grenier
soignées
araignées
colliers
tête
lieu
épieu
bête
trépas
repas
être
-égamment
maître
amant

82.

proverbe
mit
crédit
nid
herbe
tems
monde
onde
champs
dernières
printems
-ntannières
résolut
encore
éclore
put
nitée
encor
essor
agitée
enfans
sentinelle
champs
dit-elle
dira
décampera
famille
fils
amis
faucille
jour
retour
couvée
levée
aider
alouette
retraite
écouter
manger
mère
tout
faire
ordinaire
debout
repose
lents
parens
chose
jamais
heure
paix
demeure
vint
souvint
extrême
nous
même
vous
famille
faucille
acheverons
pourrons
alouette
enfans
tems
culebutans
trompette

83.

ouvrage
suffrage
curieux
ambitieux
plaire
faire
délicats
pas
propose
puis
instruis
chose
point
point
ridicule
Hercule
suffit
récit
envie
vie
animal
égal
image
sens
ravissans
ouvrage
divers
univers
rôle
celui
parole
-ujourd'hui

pain
vain
entendre
revendre
avoir
espoir
baignée
cognée
moi
toi
entendue
perdue
bien
rencontrée
montrée
rien
première
bois
fois
dernière
trois
-ompensée
dit-il
dispersée
outil
rendre
entendre
encor
or
bête
voilà
celle-là
tête
sien
occupe
bien
dupe

84.

proposa
voyage
excusa
sage
feu
peu
chose
cause
morceau
peau
mienne
tienne
couvert
fer
dure
aventure
passerai
sauverai
persuade
camarade
côtés
pieds
peuvent
jetés
treuvent
pas
éclats
plaindre
égaux
craindre
pots

85.

grand
vie
attendant
folie
certain
fretin
rivière
butin
festin
gibecière
manière
fournir
bouchée
devenir
repêchée
cher
chercher
taille
vaille
pêcheur
prêcheur
dire
frire
auras
pas

86.

coups
courroux
peine
domaine
front
délogèrent
changèrent
prompt
oreilles
inquisiteur
longueur
pareilles
ici
aussi
autruche
repartit
cruche
fit
cornes
licornes
raisons
maisons

87.

fins
lapins
lieue
attrapé
échappé
queue
honteux
habile
eux
inutile
fangeux
coupe
résoudra
troupe
répondra
huée
entendu
perdu
continuée

88.

-ambrières
filandières
celles-ci
souci
tâche
dorés
tirés
aurez
relâche
remontait
chantait
misérable
détestable
lit
appétit
servantes
bras
-lcontentes
mourras
gripée
coupée
marché
couché
heure
demeure
souvent
affaire
avant
salaire
par-là
Sylla

89.

sauvage
enfans
potage
dents
mousse
petit
housse
appétit
pluie
morfondu
convie
attendu
peine
fois
haleine
doigts
donne
aussi
étonne
ceci
potage
main
sauvage
chemin
couche
toit
bouche
froid

90.

saison
rajeunie
maison
vie
hiver
vert
joie
croc
hoc
proie
comptés
Hypocrate
propriétés
près
flatte
voulait
maladie
guérirait

prairie
lié
médecine
chevaline
pied
partie
maux
chevaux
chirurgie
tems
malade
ruade
marmelade
dents
triste
attacher
herboriste
boucher

91.

peine
moins
prochaine
témoins
héritage
parens
dedans
courage
bout
oût
place
repasse
champ
an
avantage
sage
mort
trésor

92.

enfant
haute
accourant
faute
Paris
souris
fable
menteur
véritable
auteur
guerre
tonnerre
souvent
vent

93.

profond
long
classes
matelas
cas
brasses
-reusement
doucement
vie
prie
moi
faute
foi
haute
mots
propos
monde
réponde
écots
aventures
mesures
sort
tort

94.

malade
mieux
camarade
ayeux
cure
nature
cru
maladie
prévu
vie

95.

gagner
témoigner
fable
or
trésor
semblable
rien
bien
riches
vus
devenus
riches

96.

reliques
adorait
carrait
cantiques
dit
esprit
folle
idole
rend
due
ignorant
salue

97.

haute
climats
trépas
faute
danger
extrême
déloger
même
châtiment
moment
inutile
arrivés
asile
conservés

98.

horloger
voisinage
manger
potage
ronger
colère
faire
toi
folle
moi
obole
dents
tems
ordre
mordre
vainement
outrages
ouvrages
diamant

99.

misérables
heureux
fables
deux
propose
chose
champ
tranquille
-pprochant
asile
défaut
Brifaut
même
échauffé
philosophé
extrême
menti
réparti
gîte
dit
vite
rit
ailes
extrémité
compté
cruelles

100.

cessèrent
-brassèrent
hibou
prou
Minerve
oiseau
peau
conserve
considérez
die
cathégorie
rencontrez
montrez
vie
mignons
-mpagnons
marque
bien
Parque
moyen
géniture
pâture
aventure
dure
masure
deux
hideux
Mégère
ami
demi
légère
pieds
chose
suppliés
cause
toi
loi
semblable
aimable
portrait

trait

101.

entreprise
prévôts
animaux
Guise
dos
nécessaire
ordinaire
assauts
pratiques
tours
lourds
paniques
employer
complète
trompette
courrier
sage
usage
talens
sens

102.

argent
vendirent
vivant
dirent
gens
fortune
cuisans
une
ours
bête
jours
quête
trot
foudre
résoudre
mot
arbre
marbre
vent
dire
souvent
respire
panneau
vie
-percherie
museau
haleine
sent
prochaine
descend
merveille
mal
animal
oreille
près
serre
jamais
terre

103.

vêtu
ronde
vertu
monde
malheur
erreur
office
malice
Martin
moulin
France
familier
cavalier
vaillance

104.

être
maître
ennui
lui
plaire
affaire
esprit
écrit
étendue
perdue
blâmé
exprimé
pique
laconique
vers
experts
semblable
fable
événement
seulement
raconte
mécompte
larron
environ
engeance
lieux
Dieux
présence
plaisir
choisir
offrande
fort
mort
demande
troupeau
parte
veau
écarte
auteur
imitateur

105.

chasse
race
lion
grâce
maison
raison
montagne
mouton
campagne
repos
propos
agile
esquiver
asile
sauver
courage
doigt
langage
voit

106.

voyageur
bonheur
automne
bonne
Iris
avertis
nécessaire
affaire
attendu
forte
pourvu
prévu
sorte
veux
diable
agréable
deux
paroles
épaules
voyons
rayons
gage
balon
passage
bateau
manteau
orage
dedans
tems
ferme
plis
terme
mis
nue
cavalier
sue
dépouiller
puissance
violence

107.

donner
-ésentèrent
écoutèrent
tourner
héritage
si
ainsi
sage
Jupiter
air
guise
bise
mouillé
bâillé
homme
somme
voisins
américains
année
vinée
partagé
changé
sorte
cieux
mieux
rapporte
Dieux
-prudence
doux
providence
nous

108.

vu
dépourvu
mère
état
rat
carrière
yeux

gracieux
inquiétude
rude
chair
air
volée
étalée
souriceau
tableau
Amérique
bras
fracas
pique
peur
cœur
-naissance
doux
nous
-ontenance
luisant
-pathisant
oreilles
pareilles
éclat
fuite
chat
hypocrite
parenté
porté
contraire
faire
repas
cuisine
vivras
mine

109.

lion
contrée
dit-on
tirée
gardait
essayée
convenait
menue
connue
riant
essayant
-rimaceries
singeries
cerceau
beau
hommage
suffrage
sentiment
-mpliment
cache
sache
royauté
majesté
finance
trompé
attrapé
assistance
encor
même
accord
diadême

110.

noblesse
-ssamment
jument
prouesse
là
cela
histoire
médecin
moulin
mémoire
bon
raison
cause
chose

111.

passant
fleurissant
rue
menue
frottant
broutant
nette
entrefaite
vieillard
paillard
charge
large
sois
paître
maître
français

112.

fontaine
autrefois
bois
peine
fuseaux
eaux
tête
douleur
faîte
honneur
sorte
partir
garantir
emporte
ornement
moment
rendent
dépendent
présens
ans
utile
détruit
agile
nuit

113.

point
témoignage
point
sage
léger
purger
ellébore
encore
deux
enjeux
affaire
convint
faire
atteint
calendes
laudes
brouter
écouter
tortue
sénateur
évertue
lenteur
victoire
gloire
honneur
repose
chose
vit
carrière
fit
première
raison
vîtesse
serait-ce
maison

114.

destin
aurore
matin
encore
marché
somme
touché
somme
corroyeur
odeur
bête
seigneur
tête
bien
rien
une
fortune
-arbonnier
dernier
colère
autant
faire
conteur
affaire
faits
contente
présente
placets
requête
tête

115.

liesse
pots
sots
alégresse
autrefois
hyménée
voix
destinée
étangs
enfans
à peine
douzaine
habitans
détruite
réduite
animal
mal

116.

manant
sage
promenant
héritage
étendu
rendu
heure

demeure
loyer
mérite
foyer
ressuscite
chaud
colère
aussitôt
saut
père
salaire
courroux
bête
coups
tête
réunir
parvenir
charitable
point
point
misérable

117.

animaux
malades
vassaux
ambassade
visiter
traiter
suite
écrite
dent
autant
exécute
députe
maison
raison
poussière
cour
tanière
retour
méfiance
dispense
passe-port
antre
entre
sort

118.

pervers
nôtres
univers
autres
oisillons
alouette
sillons
jette
tombeau
machine
oiseau
maligne
occupé
enveloppé
langage
mal
animal
davantage

119.

secourir
mourir
bombe
courtois
harnois
succombe
peu
ville
incivile
jeu
pétarade
camarade
tort
aventure
voiture
encor

120.

bas
ombre
pas
nombre
renvoyer
-eprésentée
noyer
agitée
bords
corps

121.

foin
loin
campagne
Bretagne
-corentin
destin
enrage
voyage
lieux
mieux
extrême
chevaux
même
travaux
monde
dos
ronde
ici
nue
ainsi
remue
provient
retient
roue
boue
enduit
nuit
homme
fouet
souhait
comme
delà
aidera

122.

charlatans
tems
fertile
Achéron
ville
Cicéron
être
maître
badaud
lourdaud
âne
renforcé
passé
soutane
rhéteur
écurie
Arcadie
orateur
homme
somme
ans
bancs
publique
net
rhétorique
baudet
potence
pendu
prestance
assistance
étendu
formulaire
Cicérons
lurrons
affaire
mourrons
folie
vie
mangeans
ans.

123.

dieux
pomme
cieux
homme
ouverts
frère
père
univers
-misphère
opposés
civilisés
notaire
faire
besoin
présente
soin
diligente
paix
éteindre
plaindre
jamais
certaine
peine
affecté
familles
arrêté
filles
difficulté
hyménée
assignée.

124.

soupirs
console
envole
plaisirs
année
journée
jamais
personne
attraits
abandonne
entretien
-consolable
rien
fable
vérité
beauté
femme

ame
envoler
voyage
sage
couler
consoler
larmes
charmes
morts
heure
meilleure
transports
propose
chose
aussitôt
faut
disgrace
passe
jours
coëffure
parure
atours
amours
danse
fin
matin
Jouvence
chéri
belle
mari
dit-elle.

125.

terreur
fureur
terre
nom
Achéron
guerre
frappés
occupés
vie
envie
épiaient
proie
fuyaient
joie
amis
permis
infortune
nous
courroux
commune
accidens
-vouemens
indulgence
conscience
gloutons
moutons
offense
manger
berger
pense
moi
justice
périsse
roi
délicatesse
espèce
seigneur
honneur
dire
maux
animaux
empire
applaudir
-profondir
puissances
offenses
mâtins
saints
-venance
passant
pense
poussant
langue
net
baudet
harangue
animal
mal
pendable
-bominable
capable
voir
misérable
noir.

126.

beau
femme
nouveau
ame
point
point
tentent
parts
hasards
repentent
repenti
parti
épouse
jalouse
faut
tôt
chose
bout
tout
repose
fin
lutin
campagne
compagne
dindons
cochons
adoucie
fait
vie
fait
peine
ici
souci
haine
soigneux
heure
hargneux
demeure
soir
voir
journée
déchaînée
époux
vous
vie
envie
péchés
côtés.

127.

légende
bas
Hollande
tracas
profonde
ronde
dedans
dents
hermitage
davantage
biens
siens
-ersonnage
rat
légère
étrangère
chat
bloquée
argent
indigent
attaquée
secours
jours
solitaire
plus
reclus
faire
ceci
souci
sorte
porte
avis
secourable
dervis
charitable.

128.

où
cou
rivière
jours
tours
compère
profit
prendre
attendre
appétit
heures
oiseau
eau
demeures
mieux
-édaigneux
Horace
fasse
prend-on
goujon
héron
plaise
façon
poisson
aise
limaçon
difficiles
habiles
gagner
dédaigner
compte
hérons
conte
leçons

129.

fière
mari
manière

ci
aussi
naissance
avoir
pourvoir
-portance
moitié
pense
pitié
espèce
délicatesse
là
cela
précieuses
-aigneuses
gens
rangs
bonne
suis
personne
nuiis
solitude
sentimens
amans
inquiétude
jour
amour
déplaire
faire
larron
maison
avantage
visage
langage
mari
aussi
précieuse
cru
heureuse
malotru

130.

folets
valets
équipage
jardinage
ouvrage
autrefois
bourgeois
adresse
maîtresse
zéphirs
tâche
relâche
plaisirs
zèle
arrêté
légèreté
naturelle
esprits
république
politique
logis
Norvège
maison
neige
Lapon
hôtes
quitte
fautes
arrêter
semaine
puis
accomplis
peine
humains
abondance
mains
finance
vin
chevance
fallut
fut
-plotèrent
-runtèrent
gens
fortune
importune
indigens
richesse
déesse
repos
mots
place
grâce
chanceux
ceux
chimères
affaires
eux
largesse
point
sagesse
point.

131.

connaître
maître
députés
nature
côtés
écriture
portait
tiendrait
ouverture
festin
Fagotin
-gnificence
puissance
invita
porta
narine
mine
irrité
faire
dégoûté
sévérité
colère
odeur
fleur
flatterie
punie
là
Caligula
sire
déguiser
excuser
dire
tire
-eignement
plaire
sincère
normand

132.

émûte
dispute
printems
feuillée
éclatans
réveillée
amour
vautour
serre
guerre
point
point
haleine
expira
espéra
peine
efforts
morts
surprises
éprises
moyens
ombres
citoyens
sombres
-ompassion
nation
fidèle
médiation
querelle
pigeon
-vaillèrent
-maillèrent
ensuivit
race
grâce
poursuivit
carnage
champs
gens
sauvage
méchans
terre
guerre
paix
tais

133.

mal-aisé
exposé
coche
descendu
rendu
approche
-onnement
moment
machine
cocher
chemine
marcher
gloire
soit
endroit
victoire
besoin
soin
affaire
bréviaire
chantait
agissait
oreilles
pareilles
haut
aussitôt
plaine
peine
empressés
affaires
nécessaires
chassés.

134.

lait
coussinet
ville
pas
agile
plats
troussée
pensée
argent
couvée
diligent
facile
maison
habile
cochon
son
-isonnable
bon
étable
veau
troupeau
-ansportée
couvée
marri
répandue
mari
battue
fait
lait
campagne
Espagne
tous
fous
doux
ames
nous
femmes
défi
Sophi
aime
pleuvant
même
devant

135.

tristement
gîte
gaîment
vite
porté
empaqueté
bière
été
guère
côté
ordinaire
oraisons
leçons
repons
faire
façons
salaire
mort
trésor
dire
vous
cire
coûts
feuillette
environs
proprette
Pâquette
cotillons
pensée
char
Chouart
cassée
pasteur
seigneur
compagnie
vie
comptait
lait

136.

fortune
aisément
importune
vainement
royaume
fantôme
moment
échappe
fous
courroux
choux
pape
mieux
mérite
yeux
quitte
précieux
dieux
laisse
déesse
ainsi
établi
cesse
jour
séjour
prophète
ailleurs
souhaite
meilleurs
inquiète
cependant
attendant
avare
chemin
lendemain
bizarre
cour
séjour
heures
meilleures
rien
bien
demeures
ci
aussi
capricieuse
lieu
ambitieuse
adieu
flatte
Surate
embarquer
doute
route
défier
voyage
village
dangers
rochers
peines
lointaines
maison
Japon
grâces
lasses
fruit
voyages
sauvages
instruit
homme
été
somme
quitté
ingrates
pénates
soi
emploi
dire
empire
yeux
monde
réponde
mieux
sorte
conseil
porte
sommeil.

137.

survint
allumée
vint
-nvenimée
teint
maintint
voisinage
accourut
plumage
disparut
retraite
amours
défaite
jours
courage
flancs
vents
rage
toits
victoire
voit
gloire
vautour
retour
poule
coquet
caquet
foule
coups
travaille
nous
bataille.

138.

enrichit
voyage
péage
affranchit
Neptune
fortune
port
fidèle
canelle
encor
trésor
escarcelle
ducats
carosses
nôces
repas

ordinaire
faire
talent
argent
chose
fait
souhait
cause
vent
nécessaires
corsaires
arrivant
folie
-uparavant
trompant
lie
beaucoup
coup
équipage
hélas
pas
sage
conseil
pareil
industrie
suivie
sort
commune
fortune
tort

139.

opinion
vogue
prologue
prévention
justice
cours
toujours
pythonisse
événement
amant
épouse
jalouse
courait

désirait
adresse
hardiesse
-ncourait
miracle
carats
oracle
galetas
bourse
ressource
mari
aussi
rempli
ville
enfin
destin
Sibylle
lieu
dire
lire
Dieu
prédire
ducats
avocats
chose
balai
-morphose
vrai
tapissée
passée
crédit
morfondit
chalandise
mise
prise
foi
pourquoi

140.

lapin
matin
rusée
aisée
jour
cour

rosée
tours
séjours
fenêtre
paraître
logis
belette
trompette
pays
terre
occupant
guerre
rampant
royaume
loî
octroi
Guillaume
moi
usage
logis
fils
transmis
sage
davantage
-inagrobis
hermite
chatemite
gras
cas
agrée
arrivés
fourée
approchez
cause
chose
contestans
apôtre
tems
autre
fois
rois

141.

parties
ennemies

deux
fameux
cruelles
elles
débats
pas
queue
plaignit
dit
lieue
ci
ainsi
servante
merci
suivante
sang
sorte
porte
puissant
requête
-mmander
précéder
tête
bien
rien
cruelle
effets
souhaits
nouvelle
jour
four
marbre
arbre
sœur
erreur

142.

assure
dupés
jure
trompés
-hilosophie
-omperont
jugeront
rectifie

-oignement
environne
instrument
personne
sagement
amplement
figure
tour
séjour
nature
grandeur
détermine
rondeur
chemine
machine
illusion
occasion
apparence
-telligence
prompts
sons
redresse
maîtresse
secours
toujours
commune
lune
objet
effet
unie
applanie
souvent
éléphant
pareille
nouveau
beau
merveille
-angement
événement
puissances
accourut
-naissances
parut
verres
guerres

français
emplois
gloire
combats
victoire
pas
histoire
mémoire
plaisirs
soupirs
guerre
Angleterre
-jourd'hui
querelle
lui
belle
Césars
elle
arts

143.

sage
partir
avertir
passage
tems
momens
comprenne
domaine
rois
lumière
-uelquefois
paupière
grandeur
jeunesse
pudeur
richesse
ignoré
die
préparé
vie
-itamment
heure
testament
meure
peu
elle
neveu
aile
cruelle
surpris
impatience
Paris
France
avis
chose
fait
parfait
cause
-ouvement
sentiment
ouïe
évanouie
superflus
plus
camarades
malades
-rtissement
réplique
république
testament
âge
banquet
paquet
voyage
mourir
courir
belles
crüelles
indiscret
regret

144.

soir
voir
passages
sages
or
encor
finance
-mmeillait
éveillait
plaignait
providence
dormir
boire
venir
Grégoire
monsieur
rieur
manière
guère
fin
année
pain
journée
toujours
honnêtes
jours
fêtes
curé
prône
naïveté
trône
soin
besoin
terre
ans
gens
enserre
fois
voix
peines
logis
soucis
vaines
nuit
bruit
homme
plus
somme
écus

145.

plus
vieillesse
abus
espèce
arts
parts
recettes
faites
coi
roi
heure
demeure
présenté
affaire
sincère
imputé
hommage
pélerinage
santé
voyage
langueur
suite
chaleur
détruite
peau
fumante
beau
défaillante
servira
chambre
là
démembre
soupa
enveloppa
détruire
nuire
bien
manière
carrière
rien

146.

-bassadeur
vulgaires
légères
grandeur
téméraires
affaires
débats
belette
pas
mette
bras
terre
ennemis
Angleterre
amis
chose
repose
las
oppose
bras
souplesse
adresse
coup
beaucoup
Parnasse
grâce
encens
ardens
dédie
plus
envie
dus
appuie
léger
danger
tyrannique
république
salut
recourut
violentes
lentes
put
émut
frivoles
écouter
arrêter
paroles
tour
jour

hirondelle
nageant
volant
instant
elle
courroux
vous
-mbarrasse
menace
effet
fait
assemblée
réveillée
orateur
honneur
même
moralité
conté
extrême
cependant
enfant

147.

Dieux
hommes
sommes
yeux
mortelle
bagatelle
citoyens
Troyens
mordue
loger
purger
revenue
nue
venger
obliger
massue

148.

secret
dames
fait
femmes
écria
cela
déchire
voilà
dire
pas
cas
affaire
taire
évanouit
nuit
fine
levé
voisine
arrivé
battre
quatre
bien
mystère
guère
rien
elle
nouvelle
endroits
trois
commère
fait
nécessaire
secret
renommée
croissant
journée
cent

149.

belles
or
trésor
fidèles
logis
maître
être
exquis
sommes
biens
chiens
hommes
atourné
dîné
joie
proie
chargé
arrivant
vivant
coups
tous
manifeste
dit
suffit
reste
morceau
canaille
ripaille
gâteau
ville
gens
marchands
habile
tems
pistoles
frivoles
mot
sot
rendre
prendre

150.

évite
mérite
sots
mots
fable
aussi
réussi
table
coin
loin
oreille
pareille
surpris
esprits
sage
ami
parti
naufrage
fretin
âge
destin
davantage
interroger
compagnie
-laisanterie
engager
dire
inconnus
revenus
vus
empire

151.

cervelle
soûl
javelle
trou
case
spacieux
Caucase
yeux
arrive
rive
abord
bord
sire
point
empire
point
choses
champs
rongeans
dents
closes
soleil
réjouie
épanouie
nompareil
bâille
victuaille
mets
jamais
espérance
cou
coup
ignorance
-eignement
-ièrement
expérience
-onnement
apprendre
prendre

152.

léché
solitaire
caché
ordinaire
séquestrés
taire
outrés
affaire
habitait
était
vie
mélancolie
vieillard
part
Flore
encore
parmi
ami
livre
vivre
matin
compagne
dessein
montagne
surprenant
tournant
faire
affaire
peur

-imenteur

limenteur
seigneur
faire
repas
pas
ordinaire
aller
arriver
ensemble
semble
sots
mots
ouvrage
gibier
métier
visage
ailé
appelé
somme
placer
chasser
comme
-moucheur
roideur
mouche
raisonneur
couche
ami
ennemi

153.

-nomotapa
autre
là
nôtre
sommeil
soleil
alarme
valets
palais
arme
peu
homme
somme
jeu
querelle
point
belle
appelle
point
zèle
apparu
accouru
cause
lecteur
propose
chose
cœur
pudeur
même
peur
aime

154.

gras
foire
pas
histoire
dessein
Tabarin
chemin
trousses
sourds
douces
secours
craindre
plaindre
coi
toi
taire
mot
sot
affaire
gosier
honnête
tête
décharger
laine
raison
bon
certaine
maison
-ersonnage
certain
destin
sage

155.

quitté
Bocace
divinité
Parnasse
façon
non
excuse
muse
divinités
celles
belles
volontés
sache
attache
nouveau
corbeau
rime
tout
estime
bout
faire
affaire
avis
esprits
chose
récits
glose
rimerons
moutons
Amarante
mal
enchante
égal
-munique
peur
pique
cœur
réplique
nom
marques
on
monarques
plaît
forêt
rivage
image
lieux
yeux
village
rougir
souvenir
soupire
désire
instant
tant
connaître
être
justement
Clidamant
honte
lui
compte
autrui

156.

mourut
accourut
prince
-onsolation
affliction
province
feraient
seraient
cérémonie
compagnie
trouva
abandonna
résonna
temple
exemple
courtisans
gens
indifférens
être
paraître
maître
corps
ressorts
affaire
faire
jadis
fils
dire
rire
Salomon
lion
lire
bois
voix
profanes
loups
tous
mânes
pleurs
superflue
fleurs
apparue
reconnue
convoi
larmes
charmes
moi
roi
chose
apothéose
puni
songes
mensonges
rempli
ami

157.

France
-mportance
bourgeois
français
-articulière

manière
mot
sot
nôtre
autre
éléphant
lent
parage
équipage
étage
renom
guenon
maison
pélerinage
gens
masse
place
importans
hommes
enfans
sommes
éléphans
davantage
cage
instant
éléphant

158.

destinée
éviter
lignée
consulter
géniture
aventure
sur-tout
âge
davantage
bout
vie
jamais
palais
envie
badiner
promener
chasse
esprits
mépris
fasse
-eignement
-pérament
courage
âge
plaisir
désir
défense
-gnificence
tableaux
pinceaux
paysages
animaux
-rsonnages
lion
vivre
livre
-dignation
bête
rencontra
pénétra
tête
put
salut
Æschile
dit-on
maison
ville
cieux
tortue
nue
yeux
dépourvue
casser
avancer
résulte
maux
consulte
faux
nature
encor
sort
-njoncture
tems
charlatans
planette
houlette
ainsi
-naissance
influence
ci
monde
profonde
fin
chemin
horoscope
Europe
prévu
su
vîtesse
passions
faiblesse
actions
-ntresuivie
pas
compas
vie
arrêter
coûter
Æschile
art
mille
hasard

159.

nature
moqua
manqua
créature
chien
rien
maître
paître
pré
gré
heure
délicat
plat
demeure
enfin
faim
prie
pain
Arcadie
moment
dent
oreille
conseille
sommeil
réveil
-coutumée
beaucoup
loup
affamée
secours
conseille
éveille
cours
mâchoire
croire
discours
remède
aide

160.

contrée
appuyait
payait
denrée
tant
plaignant
puissance
commun
-naissance
un
engage
averti
sage
parti
message
paradis
unis
ronde
venger
protéger
monde
comporta
confiance
alla
assurance
maintien
rien
quittes
suites
bien
breuvage
davantage
appuyer
dialogue
ennuyer
apologue
troupeau
faire
ordinaire
beau
village
ménage
mâtinaux
troupeaux
seule
pas
gueule
combats
taille
bataille
sentiras
canaille
moi
provinces
foi
roi
princes

161.

ville
différend
habile
ignorant

concurrent
avantage
sage
honorer
révérer
mérite
petite
souvent
savant
-nsidérable
table
-ssamment
chambre
décembre
seulement
affaire
rien
nécessaire
bien
occupe
jupe
dédiez
finance
payés
-ertinence
méritaient
dire
satire
habitaient
ville
asile
mépris
nouvelle
querelle
prix

162.

fautes
airs
hôtes
univers
race
lasse
enfers
furie
trois
chérie
fois
guerre
transport
faire
sort
colère
suit
unit
légère
douceur
sœur
mégère
on
Alecton
fière
Pluton
humaine
domaine
bas
pas
Euménide
pourtant
instant
perfide
guide
ceux
feux
crainte
enceinte
inhabité
côté
engeance
indulgence
plaignit
nuages
promit
orages
sourit
père
mieux
dieux
faire
affaire
fourneaux
carreaux
fourvoie
toujours
envoie
cours
coûte
perd
route
Jupiter

163.

appelle
nullement
m'en
Nivelle
métier
-mparaître
maître
foyer
chose
fier
crier
grossier
cause
voyait
enfuyait
confiance
expérience
attrapé
soupé
volaille
aisément
-endement
racaille
rien
maître
fenêtre
bien
dire
couteau
appeau
rire
envoler
appeler
broche
faucons
chapons
reproche

164.

fromage
rat
corsage
scélérat
sauvage
pain
matin
proie
voie
mourir
accourir
joie
ennemi
ami
-nveillance
endroit
ignorance
droit
singulière
yeux
dieux
prière
matins
mains
-compense
rat
alliance
chat
assurance
protégerai
mangerai
chouette
idiot
sot
retraite
trou
hibou
emporte
sorte
tant
hypocrite
instant
fuite
loin
gardes
soins
regardes
allié
oublié
vie
oublie
traité
-naissance
alliance
nécessité

165.

fracas
montagnes
pas
campagnes
passer
puissante
presser
menaçante
-rofondeur
peur
courage
toujours
passage
cours
tranquille
facile
net
met
noire
boire
-lheureux
ténébreux
nôtres
dangereux
autres

166.

origine

hardis
jadis
cuisine
nom
nourriture
nature
marmiton
Laridon
aventure
abattu
eu
maîtresse
sang
tendresse
passant
engeance
France
hasards
Césars
père
dégénère
dons
Laridons

167.

sœurs
frères
cœurs
guères
contraires
toit
voit
placées
dispersées
froid
être
maître
gourmand
-oignement
ondes
chiens
miens
profondes
cheval
animal

curée
grand
vent
altérée
demeurera
sera
semaine
haleine
tant
instant
enflamme
âme
pas
gloire
états
ducats
histoire
boire
suffit
esprit
suffire
-eureraient
pourraient
désire

168.

vulgaire
téméraire
lui
autrui
-rentissage
quoi
soi
sage
députa
invita
ambassade
malade
pleurant
Démocrite
ignorant
limite
remplis
infinis
atômes

fantômes
bas
pas
débats
même
extrême
gens
prie
vie
tems
sens
bête
tête
ruisseau
cerveau
volume
avancer
coutume
penser
paroles
frivoles
esprit
morale
étale
dit
suffit
récusable
véritable
lieu
dieu

169.

yeux
dieux
ouvrage
leçons
sage
jouissons
vivre
livre
demain
chemin
semblable
fable
daim

soudain
herbe
fan
content
superbe
morceaux
oiseaux
infernale
fatale
abattit
remplit
conquêtes
archer
marcher
têtes
ressorts
vie
corps
remercie
-onvoiteux
exemple
piteux
temple
pourtant
rares
avares
autant
semaines
plaines
cependant
faite
assez
jette
sagette
percés
jouisse
commun
un
avarice

170.

mémoire
animaux
héros
gloire

dieux
ouvrages
mieux
-rsonnages
sages
pourtant
emportant
pleine
scène
scélérats
ingrats
pécore
flatteurs
encore
menteurs
sage
seulement
étage
-cunement
hommes
sommes
petit
dit
contraire
mentirait
Homère
serait
songe
inventé
mensonge
vérité
livre
vivre
peut
veut
faire
dépositaire
mot
sot
Perse
commerce
jour
retour
dire
entier

grenier
admire
pourtant
enfant
convie
pleurant
supplie
perdus
vie
plus
infortune
brune
enlever
porter
croie
proie
chathuant
comment
dis-je
oblige
dis
étrange
pays
mange
cent
aventure
marchand
géniture
voyageurs
conteurs
microscope
Europe
foison
permise
maison
église
doux
choux
habile
honneur
erreur
bile

171.

tendre
logis
-reprendre
pays
faire
frère
maux
travaux
voyage
courage
davantage
corbeau
oiseau
funeste
pleut
veut
reste
cœur
voyageur
inquiète
point
satisfaite
point
frère
guère
dépeint
extrême
avint
même
adieu
nuage
lieu
orage
feuillage
morfondu
pluie
répandu
envie
lacs
appâts
aile
enfin
destin
cruelle
ficelle
attrapé
échappé
nues
étendues
voleurs
masure
malheurs
aventure
pitié
moitié
-lheureuse
curiosité
pié
boiteuse
retourna
arriva
fâcheuse
juger
peines
voyager
prochaines
beau
nouveau
reste
alors
trésors
céleste
lieux
yeux
bergère
Cythère
sermens
momens
charmans
inquiète
-nflammer
arrête
aimer

172.

léopard
foire
part
gloire
voir
avoir
bigarrée
marquetée
mouchetée
vit
sortit
grâce
passe
tant
seulement
Gille
Bertrand
vivant
ville
parler
baller
sorte
blancs
contens
porte
habit
esprit
agréables
regardans
semblables
talens

173.

preuve
parcourant
treuve
-nsidérant
menue
cela
là
pendue
voilà
affaire
faire
entré
curé
exemple
doigt
endroit
contemple
garo
quiproquo
homme
esprit
somme
pâtit
visage
menton
langage
donc
lourde
gourde
raison
cause
chose
maison

174.

collége
fripon
privilége
raison
on
automne
Pomone
rebut
tribut
encore
Flore
écolier
fruitier
espérance
abondance
fin
jardin
classe
enfans
gens
grâce
amenant
instruite
châtiment
fuite
leçon
Cicéron
science

FABLES.

engeance
jardin
éloquence
fin
pire
pédant
dire
-cunement

175.

beau
emplette
ciseau
cuvette
veux
tonnerre
vœux
terre
bien
idole
rien
parole
ouvrier
image
premier
ouvrage
sculpteur
guère
inventeur
colère
ceci
occupée
souci
poupée
esprit
descendu
vit
répandu
-olemment
chimère
amant
père
réalités
songes
vérités
mensonges

176.

chathuant
ramassée
aisément
pensée
froissée
prochain
bramin
tête
roi
bête
loi
mistère
faire
souris
jadis
fille
gentille
tenté
beauté
nouvelle
doux
jaloux
époux
elle
tous
genoux
gendre
épais
traits
prendre
volant
vent
contrée
Borée
écria
y a
belle
arrêta
là
querelle
offenser
percer
demoiselle
époux
coups
telle
nous
fable
près
traits
préférable
géant
pourtant
faire
chien
moyen
circulaire
remonté
beauté
-empsycose
chose
fausseté
même
système
chacun
commun
trempe
-versement
seulement
rampe
organisé
hôtesse
tendresse
pesé
belles
elles
destin
établie
magie
fin

177.

portée
conseil
pareil
éventée
cours
toujours
ridicules
carrefours
crédules
diligent
grimaces
argent
brasses
il
rire
dire
fil
chose
ignorant
garant
cause
blessé
-mbarrassé
sage
davantage
purs
faire
ordinaire
sûrs
caresse
sagesse

178.

-ncontrent
apporter
montrent
contester
proie
savoir
joie
-percevoir
faire
affaire
merci
aussi
vie
sentie
incident
juge
gruge
regardant
président
écaille
aille
-jourd'hui
familles
lui
quilles

179.

fretin
dire
frire
main
aventure
pure
tort
vie
appuie
encor
sage
village
représenta
seigneurie
là
marie
jugez
engraisse
laisse
écoulés
prendre
logis
treillis
attendre
moi
toi
énorme
forme
portier
agile
habile
métier

180.

créature

-dérément
-pérament
nature
nullement
guère
Cérès
guerets
ordinaire
-damment
aliment
plaire
moutons
moissons
jetèrent
broutèrent
loups
tous
tâchèrent
humains
abusérent
divins
pente
excés
procès
vivante
point
point

181.

viennent
loger
gorger
-etiennent
ciel
enclose
chose
miel
bougie
façonné
durcie
envie
condamné
folie
raisonné
-hilosophie
esprit
vôtre
fondit
autre

182.

dieux
faire
guère
lieux
terre
créancier
huissier
tonnerre
-tissemens
orage
Titans
éléphans
davantage
rivage
monta
voilà
respire
rien
rire
bien
dire
vœu
feu
bourse
ressource
or
trésor
bourgade
façon
camarade
Pluton
don

183.

saints
pélerinage
patelins
voyage
fromage
mieux
ennuyeux
-isputèrent
secours
toujours
-gosillèrent
prochain
enfin
habile
sac
bissac
mille
envi
ainsi
noise
ami
matoise
mien
bien
inutiles
défaut
Brifaut
asiles
succès
bassets
agiles
bond
affaire
faire
bon

184.

amoureux
femme
-alheureux
dame
gracieux
sourire
sire
chéri
mari
hyménée
destinée
dieux
assaisonne
donne
mieux
bâtie
vie
voleur
doléance
peur
assurance
époux
doux
-compense
-ienséance
pas
délicats
conte
passion
aversion
dompte
amant
dame
flamme
-portement
infiniment
espagnole
folle

185.

ressource
bourse
rien
bien
misère
faire
pas
trépas
masure
aventure
clou
licou
forte
trésor
emporte
or
sire
retire
argent
absent
somme
ferai
manquerai
homme
beau
être
cordeau
maître
pleurs
enserre
voleurs
terre
fit
divertit
contente
-constante
esprit
pendre
pendit
attendre

186.

chat
maître
plat
être
gâté
voisinage
côté
fromage
fripons
marrons
affaire
faire
autrui
-jourd'hui
maître
naître
feu
jeu
patte
délicate
doigts

fois
escroque
croque
raton
on
princes
emploi
provinces
roi

187.

voleur
voisinage
village
malheur
vie
son
chanson
envie
milans
violens
criminelle
belle
chacun
réplique
jeun
musique
prendra
merveilles
rira
oreilles

188.

manquera
imbécille
gobera
mille
robin
ville
pain
monde
son
ronde
mouton
funèbre

célèbre
troupeau
agneau
ferme
loups
tous
terme
glouton
mouton
tête
fête
nuit
encombre
enfuit
ombre
soldats
rage
courage
pas

189.

aisé
refusé
mortelles
nouvelles
flatteur
humeur
belles
rimeur
tonnerre
terre
point
point
commerces
diverses
entretien
rien
croyance
science
soutiens
entretiens
biens
repose
chose
mauvais

traits
-hilosophie
hardie
non
donc
machine
ressorts
corps
chemine
dessein
sein
monde
seconde
fin
telle
endroit
droit
nouvelle
reçoit
elle
nécessité
volonté
agité
appelle
cruelle
états
pas
chose
expose
dieu
milieu
homme
somme
auteur
créateur
pense
science
penserait
réfléchirait
pensée
nettement
nullement
-barrassée
bois
voix

proie
efforts
voie
cors
force
amorce
jours
tours
-ratagèmes
sort
mort
suprêmes
perdrix
petits
nouvelle
trépas
aile
pas
famille
pille
rit
suit
monde
habitans
tems
profonde
animaux
travaux
ravage
rivage
entier
mortier
tâche
relâche
baton
Platon
apprentie
amphibie
maisons
ponts
ouvrage
voir
savoir
nuage
esprit

croire
récit
gloire
garant
victoire
ottoman
ment
frontière
tems
enfans
matière
renard
art
hommes
sommes
espions
inventions
science
héros
animaux
expérience
devrait
rendait
Epicure
ci
nature
ceci
corporelle
divers
vers
elle
magasin
chemin
tracée
-reillement
pensée
événement
autrement
détermine
chemine
agent
machine
intelligent
nettement
même

suprême	manière	harangue	plaines	Amérique
il	ressort	méchants	animaux	république
outil	matière	dents	travaux	profiterez
guide	effort	langue	sommes	-arquerez
rapide	lumière	condamner	vieux	guère
corps	encor	monde	hommes	affaire
ressorts	flamme	pardonner	dieux	-roposition
ignore	âme	fonde	taire	machine
divinité	or	toi	-clamateur	pélerine
sincérité	ouvrage	justice	faire	bâton
encore	davantage	caprice	accusateur	prise
égaux	-faitement	moi	juge	bout
animaux	argument	franchise	refuge	tout
exemple	hommes	dise	vents	guise
temple	fort	ingrats	champs	maison
point	trésor	paroles	faire	oison
point	sommes	pas	salaire	nues
respire	idiots	frivoles	loyer	tortues
dire	animaux	appartient	donne	effet
œuf	anges	reptile	automne	fait
espèce	degré	vient	foyer	chose
bœuf	créé	facile	cognée	dents
alégresse	phalanges	appeler	vécu	regardans
part	pressé	dissimuler	convaincu	cause
renard	commencé	années	gagnée	vanité
fâcheuse	étranges	journées	là	curiosité
-paqueter	durerait	enfans	donna	parentage
porter	paraîtrait	pleines	bête	lignage
traîner	lumière	ans	grands	
hasardeuse	percerait	peines	tête	192.
ingénieuse	matière	besoin	gens	voisinage
invention	-elopperait	coin	serpens	-ntribution
habitation	grossière	paître	dents	pension
lieue		maître	faire	âge
bras	190.	loin	taire	animal
pas	couleuvre	pense		mal
queue	œuvre	sentence	191.	même
récit	univers	dit	légère	eaux
esprit	pervers	esprit	pays	réseaux
maître	dire	bête	étrangère	extrême
enfans	tromper	lents	logis	stratagème
ans	attraper	tête	commère	étang
connaître	pire	ans	dessein	écrevisse
égal	non	pesants	satisfaire	instant
animal	raison	peines	chemin	important

FABLES.

périsse
pêchera
va
émûte
députe
cormoran
garant
affaire
faire
nous
tous
retraite
chemins
secrète
mains
humains
république
aquatique
porté
fréquenté
apôtre
endroit
étroit
autre
dépens
confiance
gens
engeance
part
panse
égard
tard
différence

193.

amassé
finance
ignorance
embarrassé
dépositaire
raison
altère
maison
larron
même
extrême
leçon
défaire
réserver
faire
conserver
nécessaire
soin
besoin
compère
trésor
or
gîte
vîte
encor
masse
place
bien
rien
sage
jouir
enfouir
gage
hauteur
trompeur

194.

humanité
monde
cruauté
nécessité
profonde
chacun
commun
perte
cris
déserte
prix
fasse
publier
crier
menace
rogneux
hargneux
envie
vie
plutôt
cruelle
universelle
rôt
broche
reproche
gardiens
chiens
scrupule
ridicule
passera
mette
tette
engendra
voie
proie
réduirons
pourrons
marmite
tort
fort
hermite

195.

cerveau
nouveau
ennemie
vie
morceaux
eaux
porte
réseau
oiseau
forte
insolent
tapissière
filandière
volant
proie
air
joie
ouvert
couvée
entendus
plus
superflus
enlevée
tout
bout
monde
assis
petits
seconde

196.

galans
turbulens
nourrie
hospitalité
porté
honnêteté
ménagerie
furie
respect
bec
affligée
enragée
flancs
elle
gens
modèle
esprits
perdrix
vie
compagnie
autrement
tonnelles
ailes
facilement

197.

ainsi
maître
voici
paraître
tyrans
pareilles
gens
perçans
oreilles
tems
nature
-saventure
lui
altérée
déchirée
autrui
défendre
esclandre
Gorgerin
main
prendre

198.

vie
raison
sacrifie
nom
ambition
empire
amour
dire
cour
sommes
champs
ans
sommes
diligens
gens
hommes
souverain
main
hermite
tout
ensuite
bout
dire
vois
rois
pire
erreurs
malheurs
engage

rit
poursuivit
sage
voyage
froid
fouet
ceinture
aventure
dieux
pernicieux
dis-je
oblige
non
bon
envie
pas
vie
bras
prédire
pire
mort
hermite
tort
ressort
mérite
suscite
arrêts
palais
immenses
médiocrité
pauvreté
-gnificence
prix
serrures
surpris
impostures
lambeaux
troupeaux
houlette
musette
jamais
mensonge
palais
songe
-clamation
faîte
tête
ambition

199.

Annette
accords
musette
morts
bords
prairies
fleuries
pêchait
approchait
peines
chansons
-humaines
poissons
onde
profonde
charmant
belle
cruelle
doucement
vie
cristal
fatal
envie
effet
muet
miellées
envolées
pris
bergère
brebis
esprits
étrangère
bout
manière
tout

200.

fils
ordinaire
père
favoris
sincère
aimaient
frivole
-utumaient
école
perroquet
monarque
Parque
coquet
province
prince
jouans
gens
querelle
-irconspect
bec
aile
guérir
mourir
père
désespère
superflus
barque
plus
monarque
yeux
asile
dieux
tranquille
attirer
pleurer
porte
déclarer
forte
agresseur
auteur
livre
vivre
malheur
cage
roi
outrage
toi
foi
langage
destin
monde
pin
profonde
objet
sujet
vengeance
dieux
offense
mieux
yeux
peine
retour
haine
amour

201.

fan
infortunée
-gissement
-portunée
obscurité
charmes
vacarmes
visité
commère
enfans
dents
mère
ainsi
rompues
tues
aussi
-lheureuse
traîner
-uloureuse
-ondamner
paroles
tous
vous
frivoles
cieux
dieux

202.

gloire
travaux
rivaux
histoire
talismans
romans
compagnie
poteau
écriteau
envie
errant
torrent
pierre
terre
mont
front
onde
profonde
passer
-barrasser
entreprise
guise
pas
pas
figure
avorton
bâton
aventure
écriture
enfant
éléphant
lance
eau
violence
écriteau
rive
arrive
cité
jeté
armes
alarmes
dos
héros
cohorte

FABLES.

mort
sorte
fort
père
misère
roi
foi
hardiesse
exécuter
sagesse
consulter

203.

sorte
comporte
animaux
défauts
naturè
créature
esprits
matière
dis
lumière
séjour
carrière
jour
grimpe
Olympe
discrétion
guerre
nation
bruyère
guet
banquet
bande
sureté
cité
grande
lapins
mains
humains
orage
port
encor
naufrage
revoit
fortune
commune
endroit
détroit
fête
tête
dents
passans
territoire
gloire
courtisans
faire
ordinaire
peau
caractère
nouveau
gâteau
affaire
discours
cours
guide
laisser
penser
cesser
solide
grandeur
pudeur
permise
acquise
obtenu
hommages
ouvrages
connu
féconde
univers
monde
vers

204.

mondes
ondes
roi
Bélisaire
quoi
misère
assemblés
nés
haleine
fontaine
gens
grands
pensée
passée
soin
besoin
homme
Rome
croit-on
-ouronnées
raison
mouton
bornées
bon
Amérique
-hmétique
leçon
politique
poursuivit
école
esprit
frivole
quoi
échéance
foi
espérance
faim
demain
assurance
-jourd'hui
celui
scienoe
suppléera
va
vente
suivante
tant
talent
aventure
jours
nature
secours

205.

autrefois
aubaine
bois
plaine
prochaine
part
pratique
renard
politique
voisin
faire
orphelin
affaire
destin
conquête
tête
pitié
amitié
détruire
dent
nuire
moment
guerre
lion
terre
sinon
vaine
domaine
enfin
tocsin
promène
visir
soupir
remède
aide
bons
moutons
puissance
bien
rien
vigilance
mouton
davantage
don
pâturage
pas
états
pâtirent
perdirent
ennemi
maître
ami
croître

206.

lieu
origine
divine
dieu
affaire
plaire
raison
légères
saison
manières
olympien
adresse
tendresse
rien
naissance
cieux
dieux
-iniscence
amant
-faitement
instruire
conduire
univers
divers
distribue
vue
autels
immortels
tonnerre
applaudit
esprit

guerre
art
part
empire
lyre
Apollon
lion
vices
-isonneurs
cœurs
délices
battus
vertus
Cythère
tout
bout
plaire

207.

voisins
demeure
heure
fins
volaille
danger
léger
canaille
moi
travaille
soi
monnoie
croc
coq
joie
appelé
puissance
parlé
vengeance
pavots
repos
même
fermier
poulailler
extrême
guetté
cité
cruauté
étalage
carnage
soleil
liquide
pareil
Atride
détruit
nuit
tente
mp atiente
débris
Ulysse
injustice
pris
funeste
reste
crier
usage
noyer
carnage
fait
fait
close
chose
repos
propos
être
maître
chien
rien
drille
famille
honneur
erreur
porte
importe
procureur

208.

visir
plaisir
durée
contrée
feux
-alheureux
ordinaire
mépris
surpris
mystère
affaire
point
point
habitude
séjour
solitude
cour
interprète
retraite
embarras
pas
secrète
jamais
frais
asiles
villes
cieux
yeux
errantes
différentes
projets
objets
fleurie
vie
lambris
prix
délices
sacrifices
morts
remords

209.

-uverneur
morale
amener
animale
régent
sagement
préfère
-ouvement
-unément
père
défauts
animaux
quitte
petite
jour
amour
auguste
soi
injuste
roi
autre
docteur
nôtre
cœur
ignorantes
-ertinentes
rien
suprême
moyen
même
bien
grimace
valoir
savoir
trace
encensoir
manière
confrère
sot
profane
âne
idiot
mot
braire
exceller
parler
taire
gens
entends
merveilles
oreilles
art
repart
pareilles
gratés
cités
faire
affaire
lui
-jourd'hui
puissances
degrés
-xcellences
majestés
suppose
secret
trait
chose
gens
tems
dire
délicat
fat
sire

210.

point
matoiserie
point
vie
autrui
lui
être
maître
échut
aperçut
image
fromage
-ativement
élément
canine
machine
suspendu
descendu
peine
prochaine
affamé

charmé
misère
affaire
puits
nuits
ordinaire
circulaire
désespéré
altéré
camarade
objet
fait
lait
malade
mets
-chancrure
pâture
exprès
histoire
croire
part
renard
séduire
fondement
aisément
désire

211.

apparence
nouveau
souriceau
avance
présent
paysan
Aurèle
fidèle
voici
raccourci
touffue
velue
léché
caché
lèvre
chèvre
marins
villes
asiles
Romains
mains
harangue
écouter
assister
langue
repris
esprits
injustice
lois
avarice
exploits
supplice
jour
misère
retour
sévère
colère
tour
die
divers
univers
vie
mains
labourage
Germains
courage
avidité
violence
puissance
-humanité
exercée
pensée
autels
offensée
immortels
exemples
horreur
temples
fureur
Rome
homme
superflus
plus
campagnes
montagnes
compagnes
affreux
-alheureux
opprime
nés
bornés
crimes
-prendront
vice
-viendront
avarice
abord
faire
espère
ministère
fort
déplaire
mort
sincère
étonné
éloquence
prosterné
vengeance
choisit
écrit
homme
venir
Rome
entretenir

212.

plantait
âge
voisinage
radotait
prie
recueillir
vieillir
vie
vous
passées
pensées
nous
mêmes
-lissement
blêmes
également
durée
azurée
moment
seulement
ombrage
sage
autrui
-jourd'hui
encore
aurore
tombeaux
-venceaux
Amérique
dignités
république
emportés
arbre
enter
marbre
raconter

213.

gens
merveille
écoutans
pareilles
excepté
fable
véritable
antiquité
retraite
interprète
tems
habitans
graisse
blé
mutilé
confesse
chassa
échappées
estropia
coupées
commodité
autre
-possibilité
santé
nôtre
porter
subsister
obstine
machine
donner
mue
raisonner
inconnue
fit
enfuit
happe
besoin
soin
échappe
moi
conduite
suite
foi

214.

immortels
autels
muse
excuse
instant
-gmentant
ailes
belles
autant
victoire
géant
gloire
souverain
Rhin
nécessaire
téméraire
amours
discours

compose
tout
bout
chose
Grecs
-conspects
charmes
humains
alarmes
incertains
rivage
jour
cour
breuvage
poison
raison
visage
différens
éléphans
énorme
forme
talpa
échappa
traîtresse
sagesse
entretien
-anteresse
sien
âme
flamme
profiter
njoncture
figure
accepter
troupe
coupe
offrir
redevenir
parole
rugir
folle
acquérir
attaque
Ithaque
soldat

état
frère
joli
voici
manière
ours
autre
nôtre
amours
laisse
presse
plat
état
affaire
refus
confus
bergère
gloutons
moutons
bergerie
vie
redevien
bien
guère
carnacière
moi
village
foi
carnage
tous
loups
somme
scélérat
homme
état
semonce
réponse
petit
appétit
suprêmes
actions
passions
mêmes
sujet
utile

projet
facile
offerts
univers
peine
haine

215.

moineau
berceau
pénates
oiseau
pattes
ami
demi
scrupule
férule
-rconspect
bec
personne
jeux
abandonne
sérieux
âge
maintenait
tournait
voisinage
-ompagnon
raton
querelle
parti
belle
ami
nôtre
combat
chat
délicat
autre

216.

erreur
fureur
pistoles
frivoles

trésor
-mphitrite
abord
petite
toujours
jours
relâche
tâche
fait
maître
fenêtre
imparfait
cadenassée
comptoir
pensée
manoir
compare
avare
pris
esprits
déduire
nuire
doublon
ducaton
rose
jeter
souhaiter
chose
fin
serrure
chemin
aventure
dernier
naufrage
financier
usage

217.

brouté
liberté
voyage
pâturage
humains
chemins
précipices

caprices
grimpant
-mancipant
blanche
part
hasard
planche
pont
profond
Amazones
personnes
autant
grand
avance
-onférence
pas
-nturières
fières
pas
gloire
histoire
pair
Galathée
Amalthée
Jupiter
commune
eau
nouveau
fortune

218.

expérience
clémence
-inagrobis
souris
dépense
logis
avis
monde
nourris
ronde
tems
enfans
attrappée
trompée

discours
sourds
guères
bas
pas
filandières
repas
fable
convenir
obtenir
-pitoyable

219.

malade
camarade
secourir
importune
mourir
commune
pleurs
-nsolateurs
-quittèrent
allèrent
coup
pâturage
voisinage
beaucoup
frire
pire
fin
faim
réclame
âme
crier
payer

220.

-uvesouris
pays
fortune
commune
agens
intelligens
recette
emplette
endroits
étroits
difficile
magasins
voisins
inutile
point
point
perte
soufferte
découvert
ressource
vert
bourse
intérêts
procès
porte
jour
détour
cohorte
coups
nous
-chandises
prises
chercher
approcher
demeure
heure
cacher
chauve
tombé
sauve
dérobé

221.

univers
divers
tributaire
élémens
momens
contraire
potentats
états
éternelle
chats
solennelle
débats
repas
querelle
cousins
fraternelle
voisins
potage
donné
forcené
outrage
cas
gésine
altercas
cuisine
chien
plaignirent
-tourdirent
bien
-erchèrent
cachèrent
mangèrent
souriquois
narquois
race
basse
mieux
cieux
créature
nature
superflus
plus
paroles
tems
ans
Barbacoles

222.

vie
état
soldat
envie
on
dire
mouton
soupire
ans
chose
blancs
tems
prose
semés
poëte
exprimés
complète
musette
attends
tems
trompette
prophète
cieux
glorieux
Homères
guères
mystères
succès
mères
poulets
lasse
hasard
écart
grâce
race
gras
ingrats
frère
revêtiras
faire
troupeau
peau
maître
bien
rien
être
court
alentour
Achille
ville
tous
loups
village
gage
là
voisinage
alla
classe
régent
diligent
-ontrefasse
illusion
trace
occasion
égale
projet
sujet
morale

223.

écrevisse
port
artifice
effort
contraire
adversaire
grand
-onquérant
têtes
entreprend
conquêtes
cacher
empêcher
-montable
Jupiter
concert
fable
disait
droit
fille
famille
tortu
vertu
-omestique
applique
sots
dos
bonne

Bellone
propos

224.

pie
esprit
habit
prairie
détourné
dîné
compagnie
ennuie
univers
sers
cérémonie
dru
Horace
su
agace
passe
place
déplu
colère
séjour
faire
cour
caractère
mieux
dieux
angoisses
gracieux
odieux
lieux
paroisses

225.

possesseur
chasseur
propose
chose
présenté
apocryphe
griffe
majesté
personne
couronne
un
commun
peine
impuissans
indécens
souveraine
seulement
moment
tourmente
vain
lendemain
insolente
bruit
nuit
caprice
aller
régaler
office
bois
rois
supplice
ravis
suivis
modèle
belle
animal
maître
connaître
mal
aventure
créature
épancher
toucher
proie
Troie
héros
hauts
encore
Pythagore
changeons
pigeons
volatilles
familles
façons
manière
dit-on
guère
don
singulière
ans
-uconnerie
courtisans
vie
présens
faite
sonnette
grossier
acier
sire
rire
moi
empire
foi
roi
rire
souci
aussi
histoire
boire
non
raison
morale
fatale
tems
indulgens

226.

bois
matois
fange
ailé
appelé
étrange
affliger
manger
habile
forêts
mets
inutile
importun
commun
voisinage
-ersonnage
-portunité
avidité
centaines
peines
pas
repas
nouvelle
cruelle
bas
magistrats
hommes
communs
sommes
importuns

227.

amour
enfance
jour
science
ici
manière
voici
lumière
bien
rien
ensemble
dieux
patience
furieux
cieux
vengeance
cris
étourdis
Némésis
bande
cas
pas
grande
réparé
considéré
patrie
cour
folie
amour

228.

tortue
société
inconnue
félicité
retraites
déserts
airs
secrettes
-ocemment
instrument
hommes
pas
repas
sommes
conviés
oubliés
tortue
étais
pourvue
irais
contrée
arrêtée
léger
juger
aile
gazelle
-rmentant
instant
comment
elle
moment
école
jugement
revole
amis
avis
remise
prise
logis

elle
gazelle
secourir
compagne
montagne
courir
campagne
raison
maison
non
joie
proie
trou
gazelle
fou
nouvelle
courroux
effraie
défraie
tous
chevrette
retraite
présenter
jeter
-ngemaille
travaille
sœur
chasseur
passée
Apollon
long
Odyssée
héros
nécessaire
propos
faire
messager
engager
-ngemaille
endroit
travaille
croit
violente
amour
jour
chante
contente

229.

égarer
cognée
réparer
épargnée
-mblement
doucement
branche
manche
pain
sapin
charmes
armes
fer
sert
-enfaitrice
ornemens
momens
supplice
sectateurs
-enfaiteurs
ombrages
outrages
dessus
-commode
abus
mode

230.

madrés
vie
accourez
prés
ravie
riant
prie
étudiant
joie
voyant
proie
envoie
mis
amis
venelle
serviteur
appelle
cervelle
messieurs
femelle
savoir
instruire
avoir
lire
flatté
vanité
desserre
terre
gâté
justifie
esprit
écrit
méfie

231.

renard
citadelle
rempart
sentinelle
moi
loi
dire
sire
gent
assiégeant
scélérates
pattes
ressuscité
exécuté
-rsonnages
briller
badinages
sommeiller
vue
tendue
éblouis
pris
succombe
manger
danger
tombe

232.

Paris
femme
maris
dame
plus
sorte
superflus
morte
amours
toujours
enivre
imitateur
livre
auteur

233.

Scythie
vie
lieux
Virgile
dieux
tranquille
jardin
main
inutile
cela
nature
usure
demanda
sage
habitans
dommage
tems
rivage
abattant
autant
demeure
heure
amis
abattis
belles
raison
saison
nouvelles
bien
stoïcien
âme
mauvais
souhaits
réclame
ressort
mort

234.

rhinocéros
empire
clos
dire
Jupiter
air
histoire
croire
-bassadeur
grandeur
gloire
lent
créance
passant
excellence
légation
attention
querelle
nouvelle
firmament
éléphant
même
peu
suprême
jeu
sévère
pas
pas
rhinocère
renom
nom

guère
lambris
surpris
faire
fournis
affaire
dieux
yeux

235.

sage
ami
ci
avantage
loyer
payer
salaire
faire
bourgeois
fois
homme
assomme
fous
maître
vous
être
engager
venger

236.

sens
déduire
-conduire
gens
amie
orageux
pompeux
génie
ennuie
veux
deux
patrie
-ondément
-pérament
-périences
sciences
cour
autres
séjour
nôtres
prouver
sauver
stratagème
imaginés
extrême
nez
patibulaire
ravissans
faire
passans
arrange
Romains
change
mains
parvenues
pendit
rompit
nues
plaisant
galant
colonnes
personnes
dam
clabaudant
guindant
même
panneaux
houseaux
stratagème
sureté
inventé
nie
provision
vie
occasion
dire
sujet
projet
lyre
vers
univers
étranges
jour
amour
louanges
fais
muse
confuse
imparfaits
faire
plaire
habitans
Cythère
entends
tutélaire

237.

astres
protection
désastres
nation
empire
dire
appeler
honorables
cabaler
-pportables
bienfaits
fortune
importune
paix
murmure
cris
petits
nature
consumer
armer
puissantes
pas
-roassantes
états
monde
ronde
intérêts
marais
téméraire
pourtant
taire
tant
pique
sentir
aquatique
repentir

238.

chat
passage
sage
rat
seigneurie
hôtellerie
on
chatte
patte
fanfaron
fasse
menace
alentour
tour
révérence
diligence
dépense
assemblés
bomba[illegible]e
troublés
essoufflés
parlez
voyage
souris
-inagrobis
carnage
chats
rats
armes
larmes
projet
équipage
fromage
paquet
fête
joyeux
eux
tête
pas
amie
pas
ennemie
rats
destinée
fracas
fortunée
trou
matou

239.

heureux
vœux
tranquille
asile
Japet
sommet
funeste
reste
bois
rois
environne
donne
séjour
jour
exemple
temple
constans
printems
flamme
trame
assistés
étés
république
-omestique
rendaient
étendaient
détruire
produire
cœur
moqueur

engeance	-essillèrent	confondus	univers	clarté
-éloquence	sourcils	rendus		perdue
lieux	assis	créatures	240.	volonté
dieux	faute	pures	rebattu	descendue
profane	hôte	divins	guise	amitié
cabane	délicieux	pélerins	choisis-tu	folie
maison	dieux	innocente	entreprise	pitié
Philémon	onde	puissante	écrits	compagnie
langage	monde	mortels	matrone	mot
voyage	cœur	autels	Pétrone	complot
avons	erreur	sacrifice	esprits	hardie
conservons	privée	office	infinie	nourrie
argile	élevée	yeux	rajeunie	passion
facile	vain	lieux	autrefois	femelles
bois	main	favorable	égale	modèles
voix	asile	incroyable	voix	inclination
onde	inutile	parvis	conjugale	dame
réponde	vallons	ravis	chasteté	-ouvemens
dûs	monts	oreille	rareté	âme
épandus	hôtes	merveille	patrie	sentimens
-llumèrent	fautes	immortels	patron	-accessible
-ammèrent	vapeurs	autels	chérie	possible
voyageurs	cœurs	impies	prudoterie	lieux
longueurs	plaine	hosties	maison	mieux
importune	peine	débris	folle	yeux
fortune	ans	lambris	comment	bière
rois	hâtans	annales	frivole	chère
bois	arrivèrent	intervalles	testament	aliment
rare	crevèrent	bras	consolée	monument
prépare	flottans	pas	mari	portes
repas	habitans	pressée	chéri	sortes
compas	demeure	pensée	déchevelée	bas
crue	heure	bois	demeurant	nourriture
rompue	destins	voix	pleurant	hélas
chancelans	humains	entraîne	alarme	murmure
ans	armes	chêne	vacarme	nature
escabelles	larmes	mériter	cœurs	rien
solennelles	murs	goûter	malheurs	bien
mets	durs	nombre	atteinte	résidence
Cérès	revêtues	ombre	plainte	-éremment
course	nues	ans	pleurs	monument
source	pourpris	présens	affligée	potence
vidant	lambris	-morphose	regrets	laissé
évident	Appelle	chose	excès	-compensé
-ouillèrent	immortelle	vers	rengrégée	vigilance

-rdonnance
ami
endormi
place
sévérité
utilité
grâce
tombeau
nouveau
dame
clameurs
femme
pleurs
musique
-ancolique
entendit
frivoles
répondit
paroles
malheur
vivante
servante
douleur
orateur
vie
attention
passion
ralentie
serment
aliment
seulement
-pérament
femelles
elles
soupé
tenté
envie
compagnie
venu
vivre
suivre
prévenu
carrière
voulons
bière

maisons
attendons
ridée
morts
regardée
trésors
visage
dommage
cela
éveilla
tira
entama
dame
éclat
délicat
femme
pitié
larmes
charmes
moitié
louange
degré
gré
mange
effet
fait
change
penser
passer
étrange
mari
chéri
hasarde
garde
pas
faite
embarras
retraite
éperdu
pendu
grâce
bien
place
rien
femelles

belles
pas
fidelles
appas
forces
intention
amorces
exécution
matrone
Pétrone
-erveilleux
neveux
faire
formé
patibulaire
aimé
affaire
considéré
enterré

241.

salut
but
diverses
concurrens
différens
traverses
attachés
aucune
fortune
péchés
vie
tout
bout
envie
hôpitaux
maux
autres
nôtres
hospitalier
cesse
particulier
laisse
embarras
débats

arbitrale
convenait
tenait
égale
appointeur
directeur
murmure
emplois
bois
pure
soleil
conseil
même
besoins
soins
suprême
habité
-anquillité
extrême
vous
nous
nuage
opposer
reposer
image
désert
solitaire
salutaire
souffert
malade
avocats
pas
persuade
besoins
soins
ministres
sinistres
corrompt
personne
donne
interrompt
ouvrages
venir
sages
finir

242.

commis
pie
amis
harpie
souverain
affaire
faire
main
vie
volerie
magot
mécompte
affronte
margot
épie
fait
pie
guet
monnaie
proie
fort
tort
belle
aussi
femelle
elle
souci
mortelle
genoux
indulgence
tous
clémence
vous
-isonnable
-excusable
gosier
premier

243.

fromage
égal
partage
loyal
conscience

volé
audience
démêlé
village
prenait
bonnet
aréopage
porté
balance
silence
gravité
équilibre
libre
équité
pesante
tour
lourd
pente
chats
pas
ignorante
contente
sas
tourmente
excédent
dent
fromage
frais
partage
procès
épice
justice
dieux
mieux

244.

fortune
divers
brune
vers
envers
dispute
entretien
bien
lutte
rien
aime
yeux
même
mieux
problème
dieux
extrême
Apollon
requête
dit-on
tête
donna
pensées
raisonna
chassées
évanoui
amuse
oui
use
altérer
-ésunissent
durer
-tredissent
diversité
sommes
hommes
société
uniformité

245.

destin
confidence
providence
fin
aventures
yeux
glorieux
tortures
dieux
idée
curieux
intimidée
lieux
consume
chagrin
-ontézume
-uatimosin
image
exaucés
esclavage
effacés
-erspective
attend
content
vive
instant
déploie
lui
joie
ennui
années
bien
destinées
rien
-prudence
veux
heureux
ignorance
pourvu
impatience
prévu
avance

246.

naïve
enfant
instructive
important
écorce
voit
force
soit
homme
médiocrité
somme
difficulté
agité
limites
petites
avidité
bâille
réveiller
travaille
bâiller
Épictète
sot
pot
noisette
tenir
étroite
revenir
consomme
pas
homme
auras

247.

cachés
ignorance
empêchés
pense
souris
journée
destinée
gris
fée
pitié
proie
envoie
amitié
homme
vaut
faut
plutôt
nomme
défaut
aise
parler
plaise
révéler
âme
dame
bonnet
souhait
dire
penseront
seront
retire
bonnet
net
pense
commence
jeu
sire
dire
peu
Alcandre
rendre
emporter
attendre
résister
rendre
noter
connue
enfans
ingénue
tems
gens
pensées
intéressées
obligeans
visite
importun
dite
hypocrite
commun
un
irrite
chagrins
moulins
quitte

248.

enfers
fille
famille
vers
caducée
chemin

destin
pensée
chagrin
croire
rien
lien
gloire
bien
mémoire
haut
femme
âme
faut
parole
console
vraiment
célèbre
moment
funèbre
Ebre
-onnement
espère
rimeur
Homère
cœur
regrette
poëte
yeux
engage
mieux
partage
mot
lot
armée
successeur
renommée
-décesseur
-mprendre
passer
prendre
baisser
faute
intérêt
est
hôte

249.

né
étable
diable
donné
services
injustices
jour
ville
retour
fertile
fagot
trot
fête
Margot
Pierrot
tête
chardon
bâton
singe
étourdi
linge
applaudi
confonde
profonde
asservir
monde
servir

250.

envie
vie
métier
copie
multiplier
folie
avoir
peinture
voir
figure
noir
grimace
place
savoir
sombres
ombres
retoucher
fâcher
-ommence
choix
fois
-semblance
nouveau
ouvrage
visage
peau
-xagénaire
beau
refaire
satisfaire
pinceau
homme
nomme
ignorans
prends
tête
lieu
prête
adieu
assemble
loin
semble
soin
besoin
ébauche
foi
gauche
moi

251.

lisière
printems
fière
parens
bourrique
Fanfan
unique
-abillement
caractère
Colas
Pierre
pas
même
bras
extrême
gras
payée
renvoyée
partir
désespère
frère
devenir
nourrice
Paris
fils
service
espoir
faite
toilette
voir
aigrette
miroir
Perrette
galette
penses-tu
vu
voyage
âge
vêtu
méconnu
fromage
Bacchus
reçus
occupée
amour
tambour
poupée
tour
frère
téméraire
mutin
main
tristesse
seigneur
cœur
cesse

252.

sombre
luisant
ombre
-nsidérant
justice
moi
roi
lice
affermi
fourmi
lumière
feux
terre
cieux
voisine
-gueilleux
ruine
lumineux
herbe
superbe
heureux

253.

nue
puits
détruits
vue
morfondue
habiter
présenter
vêtue
diamans
brillans
elle
chemin
gèle
vain
retraite
bien
rien
cadette
vanité

reçue
Vérité
nue
nous
rassemble
ensemble
vous
rebutée
fous
maltraitée
goût
folie
partout
compagnie

254.

coquette
levant
toilette
minaudant
confident
âme
--rdonnant
dame
-mptement
-olemment
pose
fureur
dispose
douceur
erreur
rose
sens
sincère
légère
sens
encens

255.

jour
cour
ministre
florissans
sinistre
lents
guerre
excellens
terre
talens
ensuite
mérite
disputer
visite
emporter
balance
venus
plus
-mpérance

256.

goutte
route
ainsi
midi
nuages
pas
orages
pas
retraite
endormir
mourir
faite

257.

ferraille
fleurs
travaille
mœurs
fenêtre
amis
paraître
mis
légère
bergère
cris
cage
plumage
serin
arlequin
visage
égal
cardinal
chère
-surément
charmant
compère
raison
citron
mérite
morbleu
feu
irrite
pivert
vert
mystère
savoir
affaire
voir
plaire

258.

humains
profonde
sereins
monde
mains
sincère
désir
rougir
guère
criminel
ciel
terre
cassa
dispersa
vulgaire
prix
sage
débris
petits
usage
premier
entier

259.

harmonie
cœur
vainqueur
Ausonie
pipeux
travaux
poésie
-mortalité
mémoire
gaîté
croire
vanité
gloire
amabilité
prologue
apologue
travers
vers
écrire
relire
mai
colline
argentine
parsemé
aubépine
rameaux
prairies
fleuries
eaux
bocage
-nchanteur
pasteur
ramage
sons
supplie
chansons
vie
forêts
marais
-oassantes
chants
accens
-apissantes
vœux
mieux
chantes

260.

coin
ivoire
poing
croire
encor
trésor
victoire

261.

chêne
hasard
léopard
-éridienne
éveillant
dresse
-enouillant
altesse
considéré
vie
saurai
envie
jamais
forêts
ennuie
écureuil
accueil
dire
assis
suis
instruire
heureux
innocence
science
joyeux
suprême
chevreuils
écureuils
aime
convaincu
père
vertu
caractère

auteur

262.
auteur
secrète
captif
périlleuse
consumer
amorces
excellens
flamme
exploits
s'aime
Faret
insolente
déserts
sublime
haïr
s'évertue
fléchit
rebelle
ecrits
insensée
-onstrueux
Italie
parvenir
noie
objet
face
corridor
ovales
fin
stérile
rebutant
écrire
dur
nue
amours
uniforme
ennuyer
légère
lecteurs
bassesse
effronté
triviales
frein
provinces
-robateurs
désabusée
bouffon
ouvrage
Pont-Neuf
rives
art
plaire
mots
hâtée
-rmonieux
pensée
français
mesure
grossiers
ballades
rondeaux
méthode
destin
grotesque
haut
France
pouvoir
réparée
tomber
fidèle
pureté
entendre
détacher
pensées
percer
obscure
clairement
révérée
mélodieux
barbarisme
divin
presse
rimant
arène
orageux
courage
repolissez
-urmillent
lieu
assorties
s'écartant
publique
s'admirer
sincères
d'auteur
joue
récrier
blesse
fastueux
inflexible
négligés
emphase
s'obscurcir
véritable
intéressé
basse
froid
l'admire
blesser
critique
flatter
muse
auteurs
province
courtisans
satire

263.
fête
diamans
style
fastueux
éveille
abois
indiscrète
roseaux
langage
d'agrément
rustiques
son
difficile
dictés
apprendre
vergers
amorce
-uelquefois
grâce
deuil
tristesse
heureux
forcée
rassis
vaines
prison
ridicule
sons
l'Elégie
ambitieux
barrière
Simoïs
ouvrage
ris
caprice
hasard
-egmatique
éclatans
vue
Mézeray
avare
français
pareille
rangés
licence
entrer
suprême
arriver
Malleville
Pelletier
prescrite
borné
ignorées
agrément
audace
enveloppé
délices
parer
nouvelles
divers
style
yeux
infâme
propos
cessèrent
infortunés
fine
succès
frivole
beauté
maximes
tour
médire
voir
altière
-jouement
censure
pressans
l'école
vérités
Caprée
sénateurs
latine
yeux
modèles
lecteur
cyniques
honnêteté
l'outrage
candeur
fertile
chant
déploie
dangereux
élève
l'art
grossière
rimer
-nsonnette
sonnet
furies
recueil

264.
odieux
agréable

pleurs	peinture	mer	adresse	étaler
alarmes	amoureux	arrache	-rmonieux	naïves
épris	Philène	langueur	Ausonie	portraits
ouvrages	combattu	timide	feu	paraître
regardés	petitesse	déçus	miracles	humeurs
émue	prompt	prophètes	torrens	caprices
fureur	peinture	enfer	ouvrage	désirs
charmante	tracé	terribles	plaisant	sage
attiédir	austère	côtés	comiques	maintenir
rhétorique	mœurs	coupable	affront	amasse
toucher	Clélie	yeux	nature	glacé
préparée	portrait	gloire	trésor	abuse
s'exprimer	s'excuse	succès	grâce	hasard
intrigue	saison	publie	discours	ville
nom	gardée	oraison	-éthodique	écrits
merveilles	d'accord	maîtresse	aisément	peintures
expliqué	s'aime	chrétien	sincère	fin
Pyrénées	gascon	peinture	suit	enveloppe
grossier	sage	eaux	ouvrage	pleurs
engage	altiers	barque	art	place
accompli	désolée	sottement	-himérique	noblement
incroyable	pays	prudence	vagabonds	guide
appas	frivoles	d'airain	lecture	propos
l'expose	abaissiez	idolâtrie	mépriser	maniées
judicieux	bouche	erreur	génie	plaisanter
scène	pointilleux	songes	invention	Térence
frappé	conquêtes	divers	rebelle	leçons
connue	d'ignorant	Idoménée	retour	semblable
naissant	replie	ignorant	lumière	auteur
louanges	fécond	bizarre	repos	choque
esprit	réveille	lasser	tragique	saleté
lie	retenir	magnifique	plaisans	fades
tombereau	s'explique	ouïs	joie	
-rsonnages	action	frère	avoué	265.
exhaussé	usage	chargé	nuées	médecin
génie	divinité	entière	cours	misère
l'action	tonnerre	narrations	sages	-poisonné
divine	matelots	élégance	fureur	pleurésie
abhorré	retentisse	mers	reprendre	détesté
grossière	fictions	maîtres	miroir	structure
simplicité	choses	revient	fidèle	art
l'ignorance	écartés	vue	exprimé	face
mission	commune	affecté	unique	façon
antique	aversion	tonnerre	profond	corrige
sentimens	d'Italie	cris	avare	inhumain

POEMES.

suspecte	infecté	Enéide	énorme	discours
excellent	rivale	exploits	guerrier	gloire
nécessaire	hausser	orage	enfoncée	chemin
différens	intrigues	enterrés	contour	âges
écrire	emploi	nouvelle	silence	marguillier
auteur	livre	ployé	déjeûner	défaillance
-enardière	gain	ligues	visage	douleurs
égayer	crime	arrêter	grosseur	empire
audace	renommés	forcées	mise	-rgueilleux
flatteurs	libraire	transports	repos	clôture
merveille	voix	satire	place	contour
montrant	nature	glorieux	-rocessions	autre
tragique	équité	Parnasse	titre	radieux
consultant	adresse	esprits	attaché	machine
inspire	épars	zèle	profane	destin
furieux	insolence	faux	émotion	partie
salue	vers	nécessaire	furie	enseveli
respecté	Thrace	———	tourmens	tranquille
censure	mouvaient	266.	épouvante	bruit
reprend	miracles	terrible	vigueur	masse
pièce	horreur	cœur	fidelle	renverser
-onnemens	âges	titre	sonner	autorise
dépourvue	leçons	altier	caprice	vigueur
croyez	tracée	vengeance	éclat	usage
salutaire	vainqueurs	rivaux	inutile	croissant
chercher	révérées	entremise	bien	extrême
ridicules	mortels	projet	sage	esprits
heureux	bassesse	fraternelle	respect	choisisse
prescrites	esprits	santé	farouche	emploi
rarement	frivoles	hermines	fureur	élire
ville	bas	lieu	éperdues	tracés
-structions	Permesse	crimes	efforts	artifice
fertile	guerriers	paix	agréable	candeur
-musement	affamée	empire	ton	nue
ouvrages	importun	Mans	troupe	Brontin
auteurs	-omenades	comtesse	imitant	augure
coupable	Colletet	épars	abreuvée	jour
esprits	disgrâce	immobile	malheur	crinière
scène	arts	procès	fatigues	charmant
-hastement	-révoyance	l'offense	insensé	assemblage
charmes	-ourrissons	odieux	outrage	quartier
innocens	audace	vîtres	moi	grâce
flamme	nouveaux	Célestins	mensonge	trois
vigueur	belles	rebelle	travaux	maître
jalousies	forêts	mortels	armes	couleur

guerrière
humains
foule
dépit

267.

merveilles
climats
courrière
conduit
désolée
céler
donnée
périr
fidelle
langueur
entreprise
fuis
larmes
désirs
caresses
part
enflammée
éperdu
première
bienfaits
Loire
foi
destinée
prétendus
titre
désirs
appelle
douleurs
effarée
fois
visage
bruit
épandues
chapelains
éveille
prévoir
rude
chaleur
sombre
yeux
alégresse
attend
poignée
poids
tête
nouveau
altière
yeux
Déesse
séjour
chanoines
dévots
redouble
envelopper
nouvelle
paix
accroître
mutins
achève
voix
terre
tems
honte
cour
plaines
lent
-pitoyable
voix
audace
frémir
gloire
cours
exile
effroi
ennoblie
travaux
chapelle
renverser
sombre
amour
oppressée
effort

268.

affreuses
retour
vue
ennuyeux
funèbres
retiré
fidèle
odieux
envoie
frémit
alégresse
précipité
favorise
clocher
légère
jus
abusée
nuit
sacrée
fatal
audace
sacrés
portique
dépôt
approche
instant
enflammée
conduit
Boirude
terreur
énorme
précieux
temple
ébranler
incroyable
pâlit
obstine
menaçant
poussière
confondus
-faiblissent
nuit
asile
assidu
effrayante
déserté
disgrace
glacés
image
corps
cassée
abat
audace
nouveau
audience
solliciteur
titre
hagards
passages
appui
ruines
vertus
gloire
insolent
murmure
réservés
étincelle
prompt
guerrière
intrépidité
célèbre
poussés
fugitives
belliqueux
crainte
raffermi
emportée
relâchés
-tentissent
-issement
alarmes
réveil
masse
nouveau
enclavée
rabot

269.

argentines
effrayant
-uloureuse
premier
commise
sommeil
vulgaire
horreur
plaintes
gracieux
fumée
impuissans
sacristie
éclat
nitre
crins
avance
fureur
funeste
peur
raillerie
habits
moire
autrefois
grise
langueur
mouille
pinceau
sauvage
sang
immobile
sanglots
-uvantable
égorger
envieuse
draps
masse
lieu
-bscurcisse
superflus
tranquille
exhaussé
vivre
brisés
affermie
hasard

expérience
affront
machine
assemblé
pupitre
hurlemens
glace
engager
rues
étendus
-ccessibles
arracher
plaire
trompeur
bénissante
genoux
fidelle
-jourd'hui
sacrée
efforts
infernale
nuit
-mmeillent
toits
funèbres
sonné
murailles
nouveaux
étonnante
foudroyer
presse
inquiétant
vigilance
pressant
attente
malheur
incapable
répond
homme
Raconis
canoniste
hier
détruire
Augustin
plume

signalé
encore
enseveli
étonne
nouveau
vivre
Alcoran
-pothéque
rabaisser
approuve
apprêts
visage
rassuré
vengeance
déjeûner
fidèle
audacieux
consulte
vain
succombe
Gélons
usées
arrachés

270.

troublée
confus
fidelle
succès
courage
bruit
insolence
apporté
apprête
morceaux
porte
vigueur
inutile
consulter
domine
frémir
salle
respecté
pratique

odieux
famine
-ffinemens
coutume
entiers
insolence
détour
superbe
rois
accourcies
remparts
salue
savoir
moissonne
mortels
dernière
offensé
fatale
amis
même
oppresser
insensée
sort
écumante
plaider
requête
disparaît
table
excité
allumée
éperdu
bile
déserté
oblique
écrits
place
-multueux
passage
esprits
superbe
furieux
Boirude
irrité
-uvantable
estomac

Artamène
empressé
élancent
fatal
mêle
impétueux
rencontre
relié
boutique
jetés
terre
ignorés
Simandre
Gaillerbois
-urtrissure
renversé
amère
étourdi
Garagne
prodigieux
fatale
Fabri
visage
Grasset
insipide
chemins
bélante
tours
bannière
Prélat
redoutable
hautain
ouvrage
yeux
tempête
embrasé
novice
infortiat
écriture
noir
Avicene
effort
tonnerre
déchirés
imprévue

combats
prouesse
alongés
surprendre
courroux
orage
fuit
réchappe
retiré
adroite
fortuné
mortelle
aspect
gloire
punis

271.

sacrée
cris
divine
conduit
sainte
autels
salutaires
lois
avares
furieux
empire
moi
amorce
frémir
divines
mortels
orages
ralentit
haire
parvenu
carrosse
l'humilité
détruite
arsenaux
prières
docteurs
maximes

charité	timide	lumière	exilés	carrière
malice	travaux	flambeau	change	aliment
attentats	ouvrage	onde	prix	arrose
glace	puissant	jours	-ombrable	lois
déserts	chapitre	terre	tour	adresse
fidelle	content	efforts	méprise	auteur
rois	merveilles	avarice	prison	-mprendre
largesse	fiction	vœux	développes	faits
devoir	inspire	extrême	tiens	puissance
noire	éperdu	effrayé	ouvrage	vallon
vœux	illustre	rappelle	prudent	cortège
éclate	nouveau	ornemens	peine	beautés
audacieux	présence	ordonne	souterrains	inutiles
enflammée	décoloré	main	sommes	déserts
secours	affreuses	avide	retour	couleuvre
-courables	orateur	bords	volage	soupçon
douleurs		-econnaître	lui	répondre
ralentie	272.	répandu	obscure	tableau
-issemens	foi	fidelle	sommeil	ouvrage
querelles	véritable	enchanté	grossière	toujours
opprimer	esprits	vulgaire	vêtemens	orages
désirée	guide	jours	vie	trompeurs
soupirs	braver	elle	nombreux	nouvelle
miracles	rendre	fécondité	merveilles	précieux
révéré	prix	entendre	précieux	campagnes
honorable	ivresse	enchaînés	déploie	couronnés
choix	ardeur	ensemble	ténébreux	goutte
affermie	attentive	unité	perfide	répandus
imposteur	chancelé	étonnent	pudeur	timides
image	ombres	hasard	colère	franchir
ans	affreux	fidelle	jours	chaîne
sucées	fidelle	bâtiment	empressée	choix
feu	roi	prudence	cœur	vagabonde
paraître	insolence	suspendus	ensemble	reprend
nom	frayés	campagne	tableau	harmonie
famille	mère	secours	fragile	mers
pénétrer	vers	rage	précieux	hommes
charmée	espérance	jour	reprendre	mouvoir
yeux	jour	fortunée	partir	naissance
courage	ouvrage	liens	dociles	commencé
envenimés	tiens	frères	tous	-omparable
insulte	croire	courroux	salutaire	bornés
horreur	rassemblés	rigoureuse	cœur	déplorable
prière	étoiles	assemblé	course	souvenu
éclat	majesté	peut-être	toujours	puissance

humilier	redoutable	gage	réservés	lumière
abaissent	bourreau	objets	monde	grossier
univers	Tibère	père	caché	sublime
unanimes	l'inquiéter	langueur	alarmes	nœuds
encens	vices	histoire	penser	assemblage
image	altéré	noms	due	secrets
honorer	outrage	colère	chercher	peines
crédules	regrets	malheurs	dévore	troublé
encensés	éternelles	insipides	erreur	cordage
Salmonée	stupidité	épris	heureuses	flots
odieux	déesse	problème	jour	orage
système	moi	frais	funèbres	corps
effet	moi-même	renommée	livrer	divise
poussière	trahison	divisé	étincelle	engloutis
aussi	tables	première	détruit	bizarre
déserte	bras	jours	souffrances	bien
renversés	-émoignage	même	nous	Alchimiste
divines	plaisirs	-rgueilleux	terrible	sel
lieux	larmes	-naissance	douleur	produire
-émoignage	témoin	réveil	abîme	périr
genoux	déguise	inconnue	-ouvement	vivre
satisfaire	attraits	égaré	Lucrèce	rendu
agneau	supplice	encore	argumens	divine
implacable	fuit	yeux	usage	essor
toi	aime	défense	jaloux	immenses
contrées	contenter	univers	vieillesse	toi
mortels	misérable	incertitude	jours	manies
nouvelles	charmer	voix	nuage	charmer
certains	présence	silence	périt	légères
aventure	traits	paix	nourriture	sort
bois	oreilles	répondre	tombeau	envie
-éprisables	bienfaits	nous	édifice	dissiper
abrutis	entraîne	dévore	glacé	cesse
divine	séparés	toi	poëte	vanité
eux	ressource	contraire	détrompé	-écontente
chère	yeux	grandeur	rapide	instant
droits		moi-même	amours	immortelle
crainte	273.	voi	carrière	veux
moi	instruit	méprise	flatteurs	libre
esclave	image	rien	désespères	félicité
cacher	agité	sage	cœur	maître
réside	alarmes	tableau	belles	malheur
outragés	douleurs	même	toujours	suprême
victime	étrangère	partagé	Epicure	jour
ambitieux	caressé	croire	moi	sévère

menteurs	doute	infortuné	gage	ténébreux
Homère	mort	désespère	révéré	nature
sœurs	orage	-ujourd'hui	profane	accablé
avoue	manteau	suivre	châtiment	âge
lois	irrite	croi	mystères	-jourd'hui
perfides	parfaits	guide	Adam	admirable
cruels	oreille	soins	justice	ouverts
-lheureuse	leçons	indolence	autels	extrême
lieux	vie	marcher	cause	luit
utiles	néant	système	tour	héritage
leur	-lancolique	discours	spectacle	voi
équitable	peur	asile	étranger	rendue
oubli	attendre	obscurité	pères	défiguré
Socrate	Platon	prétendre	législateur	proscrite
content	croire	détours	monde	douleurs
frivole	hasarder	lumière	disparus	arrache
aisément	console	toi	gloire	effort
-ompeuses	-andonner	appelle	tems	obéissante
obcurité	Alexandre	désir	déteste	gémit
image	savoir	———	cruels	liquide
-mprisonné	publie	274.	parole	pressé
coupable	alfliger	terre	solennel	étoiles
soutien	étrange	nation	luire	pain
hommes	tour-à-tour	étendue	punir	haleine
maux	-compense	ennemis	misères	yeux
projette	-scoureurs	encore	annoncé	ignorance
repos	paroles	Ottoman	interprètes	tems
querelles	frappé	guerre	calculés	foule
honteux	plaindre	fugitif	repente	horreur
infortunée	vérité	fière	compter	abîmes
vérité	espérance	turban	richesses	outragé
Grèce	affreux	prophète	paru	face
tableau	misère	-bassadeur	armes	tems
-rsonnages	amour	annoncent	-euglement	vigoureuse
divisés	ouvrages	toi	descendre	secours
Héraclite	révélé	dépositaire	rendu	étrange
pleurs	connaître	vérité	volume	fondemens
silence	développer	âge	voi	oreilles
approchés	même	cours	divine	encor
parfaite	secours	éclore	parfait	supplice
liés	luire	humains	naissance	célébré
assemblage	horreur	mortelle	divers	nourriture
moins	supplice	alors	gloire	lents
ramène	genoux	présente	félicité	timide
feu	abîmes	pas	justice	fureur

perte	autels	aurore	divins	merveilles
châtiment	demeure	captif	homme	arrêts
langage	entretenir	avance	abattus	révèle
accréditer	-pliquable	immolé	encore	étonné
course	assurer	roule	fuit	sienne
parts	prépare	rangs	traînées	révoltés
ensemble	taureau	empires	africain	ordonne
surs	Athènes	florissans	-omphante	bras
ouvrage	parler	suprême	arrachés	nécessaire
séparer	folie	fondemens	esclavage	alors
ruine	cœur	miracles	châtiment	arrête
repentir	homme	exécuter	terre	destin
carrière	vérités	image	airain	courage
jours	naufrage	bûcher	trompées	arraché
guerre	voix	tranquille	combats	innocence
rien	même	vendu	asile	immolé
obtiennes	-jourd'hui	étrangères	beau	entendre
buisson	mémoire	respect	miracles	voix
rivière	eaux	-ndamnées	cours	expie
brigand	source	élevé	nouvelle	criminel
naissance	glorieux	expire	forfaits	lumière
potentats	miracles	captivité	oreilles	dépouillé
suprêmes	longs	orage	yeux	étrange
établi	promesses	jours	naissance	écrits
expire	inspirés	projette	flatteurs	faiblesse
matins	inflexibles	désiré	volumes	infidélité
têtes	voix	puissance	délicieux	frissonne
-nnaissans	haines		fertiles	présenter
pierre	malheur	275.	nous	nature
lieu	indigne	renversée	autre	séduisans
image	nouveau	commune	succombé	artifice
cruautés	genisses	cœurs	gloire	premiers
colère	lieux	ivresse	étonné	écrire
-oluptueux	attendent	ambition	obscure	disparu
victimes	environnés	gloire	fermés	silence
cris	-nnaissable	divers	invincible	foi
charmes	malheurs	veilles	captivité	invisible
douleurs	complice	consacré	inutiles	bourreau
adore	temps	profane	douleurs	fuite
présent	redoutable	simplicité	proie	yeux
fécondes	humiliés	guerre	puissant	certaine
jour	futures	religion	source	toi
suprême	dispersé	empire	cieux	ruine
cieux	alarmes	factions	opère	faim
lumière	rejeton	soumise	jour	foudre

consumer	vie	lois	audace	fureur
-reprendre	amour	miracles	pouvoir	sinistres
moi	renommée	massacré	ressente	horreur
offense	enfans	oppose	voilé	lumière
affreux	mémoire	chrétiens	luire	-antemens
rébelles	-uglement	idolâtre	nuit	ignorance
ingrat	sacrifice	arrêts	entendre	essaim
nouvelles	rigoureux	éternelle	raison	Grèce
héritier	abhorre	desseins	suprême	jeux
féconde	pleurs	-ccombent	présent	oreilles
arrosés	autorise	terreur	belle	frappés
folie	erreur	coupables	pur	nature
fois	joie	Alaric	manifeste	discourir
hommage	consterné	querelle	scellé	monde
habitant	gloire	horreur	sublimes	mer
rudesse	raison	belle	offrir	nature
pouvoir	première	vieillards	attire	savoir
honore	écrits	guerre	hasard	peine
Platon	célébres	états	causes	accablé
homicides	révéré	invisible	dessein	Hérule
rigoureux	conspire	lois	téméraire	Constantin
crime	injurieux	caractère	yeux	formidable
trésors	mémoire	progrès	furieuse	marais
promène	combat	tête	efforts	monde
tour	doctrine	glorieux	maître	trésors
naissante	lois	étendent	parti	puissance
divin	obéissance	-jourd'hui	peine	couverts
Ibère	humains	vivre	démentir	-pitoyable
humains	crime	Thabor	gloire	affermi
ambitieuse	parts	Elie	leçons	ténèbres
bouts	soumise	sommeil	économes	abstrait
s'écrie	eux	hommage	jours	outrage
splendeur	paupière	douter	rivage	-mirateurs
-branlable	rappelés	répandre	cantons	elle
morts	embrase	rayons	ancêtres	encor
supplices	Germain	pénible	taureaux	anime
grands	pluie	captivité	cortège	coin
présente	auteurs	injustice	laboureurs	suspendre
flambeaux	tonnerre	divers	balance	pas
carnage	horreur		hasard	onde
dressés	gloire	276.	écrite	ports
princes	initiés	lumière	Mazarin	plantes
Néron	puissance	yeux	vôtres	curieux
supplices	interdit	suprême	menacé	cendre
dons	offrandes	fois	nature	opposés

merveille	frais	faible	suprême	charmer
yeux	extrême	-hainement	envelopper	sommes
Galilée	sujets	éclaircies	courage	environné
tour	méprisable	tradition	auteur	suprême
même	flambeau	semblable	sacrifice	odeur
repentir	obscure	envelopper	rigueur	offrande
fidelle	rappeler	-différence	cruelle	début
obscurs	vengeance	autoriser	lui	victimes
silence	-mblemens	naissance	jalousie	genoux
pas	dévore	Japon	avoir	clémence
ouvrages	voir	flammes	goûter	outrager
jaloux	cruelles	vainqueurs	fort	afflige
vue	mort	Seine	partage	officieux
attacher	cendre	sermon	biens	indulgence
folles	fait	contraires	solides	vois
fureur	admirable	-aincrans	élégant	envoie
maître	voir	apôtres	maître	desirés
travaux	l'entière	virginité	écart	suprême
gloire	leçon	pénitence	tristesse	lui
pas	maître	chinois	bannis	jalouse
lumière	muet	miracle	afflige	rigueur
deux	puissance	lieux	pas	téméraire
avance	renversé	éclairé	maître	deux
conseil	harmonie	foi	délicats	plaine
nature	sort	écrire	favorables	désirs
frottement	future	sort	empruntés	empire
matière	coups	courage	faiblesse	débarrassé
voir	délices	pas	entraîner	attache
empire	exécuter	vue	aimable	fastueux
lois	victimes	savoir	criminel	êtes
inégale	séjour	surprendre	même	voi
calme	dérangée	lois	infortuné	avide
suprême	s'ouvrir	être	charmes	emportés
partager	nuages	ouvrir	regret	envie
rappelle	courroux	condamne	adieu	sérénité
tous	souffrance	lui	rigueur	être
paisible	regret	nouvelle	indocile	désir
-mptement	terrible	soutenir	résister	suivre
veine	éteints	colère	souscrire	mis
vœux	attendue	cœur	lois	amitié
ennemie	obscurité	frémisse	fragiles	présens
sommeil	lumière	succomber	Platon	ravie
pétille	traits		faiblesse	douceurs
eux	mystère	277.	austérité	cruelle
foudre	bontés	obscurité	rigides	souvenir

rigide	langueur	trompettes	politiques	voix
amoureux	enchante	univers	bonheur	renommée
pénible	toi	héritage	fatale	ennemis
pas	renommée	périr	grands	gloire
suivre	témoins	invisible	-donnèrent	douleur
loi	profonde	éclairs	accourut	intrigue
assurance	biens	maître	guerrier	desseins
enchanté	entendre	voix	pas	rivage
stérile	alarmer	refuge	avancèrent	dessein
illusion	heure	percer	revers	criminelle
maximes	amour	opprime	inhumaine	appui
cours	flammes	-gissemens	tours	campagne
Ovide	naissans	ingrates	inflexibles	flatteur
construit	admirables	dons	desseins	prudence
vices	vous	pénitence	déchire	aîné
obscurité	rage	cruel	fleuris	mugissante
retire	pardon	regrette	pure	port
écueil	oriflamme	erreur	combats	ondes
extrême	mains	étonne	France	airs
cœur	infidèle	voir	commis	terre
obstacles	nous	espérance	soumise	obscurcit
effacé	apprendre	offerts	immortels	émues
aimable	-portement	gloire	race	flots
moi	atteindre	égarer	honorer	furie
donne	erreurs	interprète	suprême	desseins
plaît	mère	—	appui	Epire
admirable	écartés	278.	victoire	mutins
humilité	pères	France	remparts	Neptune
aime	chers	gouverner	carnage	univers
rétabli	victimes	l'Ibère	discours	profonde
pénible	abandonné	vérité	humilie	cieux
courir	perfides	entendre	séditieux	orages
salutaires	jour	nations	maître	flots
toujours	tendresse	provinces	sang	tranquille
pure	trésor	autrefois	future	flots
faits	sincères	altière	courroux	structure
chère	prédits	marcher	guerré	cour
-andonner	salutaires	incertaines	foi	inquiétude
cause	hautement	confondus	pertes	jours
fruits	inquiétude	gloire	outrager	fontaines
hommage	Payen	progrès	reine	souhaits
vous	-complisse	suprêmes	réunis	vieillesse
encore	annoncé	premier	flétrie	divins
recevoir	vengeance	mollesse	odieux	connaître
mystique	troublés	Espernon	ministère	accoutumé

même	vaisseaux	Rome	guerriers	armes
chrétien	Neptune	fureur	indolence	étouffés
-ébranlable	arts	plonge	inhumain	personne
cieux	ensemble	également	furie	Coligny
sacrée	roi	défense	bras	fille
appui	invincible	pouvoir	faiblesse	soldats
maître	devoir	politique	successeur	défense
desseins	politique	mortels	avoue	vécu
France	Français	guides	exploits	cohorte
murs	terre	loi	courage	yeux
poussière	horreur	scrupule	héros	courage
mortels	immense	cieux	commune	aspect
obscure	tour	cruelle	respecté	rage
jours	reine	combats	retraites	blancs
être	épris	ose	été	pardonne
eux	éloquence	religion	pertes	vous
terre	cœur	-révoyance	détruit	armes
éternel	surprise	formé	inutiles	entouré
connaitre	protecteur	-orissantes	attraits	victime
combats	aurore	récits	atteste	coups
victoire	Valois	ingénue	humains	inflexible
esprits	haine	replis	fidelle	Médicis
faiblesse	foi	naître	occasion	rapide
jour	feinte	jours	défiance	furieux
suprême	danger	tutelle	pas	visage
jamais	guerre	confusion	mère	sort
misères	droits	prudence	désormais	sépulture
lui	impatience	ennemis	espérance	Médicis
flamme	-hainement	ambitieuse	tems	-différence
-nheureux	renommée	plus	craindre	sens
miracles	légèreté	franchise	Médicis	ravages
vertueux	fidèles	appas	facile	horreurs
aurore	appui	sommes	excité	effrénées
touché	extrême	imprévu	mystère	étincelans
sage	exploits	caprices	fatal	colère
seigneur	mémoire	roi	colère	main
-paisèrent	douleurs	puissance	pas	crimes
Bourbon	raconte	flambeau	légitimes	cris
admire	souvenir	rivales	pleurs	père
lois	adresse	exploits	arrivée	embrasés
périrent	cœur	guerrière	bruit	croirez
destins		assassiné	courrière	-guinaires
prudence	279.	reine	repos	innocens
indompté	livrée	malheurs	-uvantable	périrent
pertes	inhumain	frère	côtés	Lavardin

POEMES.

cruelle	bras	monarques	nombreux	suprême
condamnés	furie	effroi	vue	gémissans
peine	horreur	ivresse	soldats	vengeance
odieux	culture	appesantis	blessures	états
tempête	voix	tempête	eux	stérile
curieux	maximes	réveil	tempête	commun
fatales	jours	délices	renversés	arrogance
maux	sévère	périr	épée	projets
égarées	-pouvanter	France	courtisans	vendue
-jourd'hui	effrayante	appui	honorables	épargner
frère	élancé	nuire	trépas	déplaire
inhumain	invisible	priver	caractère	irrité
jeunesse	moissonné	ordinaire	hasards	venue
morts	France	échauffé	affreuse	percé
aventure	trépas	pères	soldats	être
ans	carnage	Dieu	éclorre	puissant
père	choix	exemples	tems	suprême
poignard	princes	criminels	victoire	Paris
destinées	fameux	portée	succès	éperdues
trompé	justifie	roi	charmes	danger
défense	lui	murmure	-profondir	frère
mourant	légère	soumis	disgrace	-sentiment
barbarie	retour	terre	douleurs	alarmes
momens	courage	ménager	heureuse	desseins
armes	soldat	alarmées	surpris	chère
sommeil	indolence	moi	tutélaire	-jourd'hui
-mestiques	enfermés	courage	abattu	héroïque
envisager	funestes	parts	courage	différens
avancèrent	soupirs	Joyeuse	fierté	usage
fort	avides	superflus	crainte	yeux
maîtres	inconstant	princesse	mutiner	puissance
courroux	père	Coutras	alarmes	-mptueux
orage	cœurs	apprendre	formés	terrible
revers	séduire	flatteur	orage	combats
envie	trompeurs	gloire	ressorts	politique
suivit	populaire	Valois	furie	soutien
barbarie	rigoureux	insigne	accabler	querelle
fatal	indigence	jours	poursuite	maux
résistance	haïssait	-coutumée	projet	père
obéi	artifices	cour	craindre	surpris
-sanglantés	rien	courage	affermi	défense
	puissance	sort	précipice	trompé
280.	-ertement	tendresses	révolté	colère
jours	funeste	diamans	Ibères	loi
crimes	grands	expérience	tems	ôtage

Paris	valeur	avantage	droits	cesse
âme	fatale	prix	diadême	flatteurs
vertu	héros	batailles	humains	vue
contraire	-compagne	appui	Rome	enchanté
discours	bruit	alarmes	redouté	intimide
rebelle	guerre	vœux	artifices	bruit
pas	Athos	cohortes	obtenir	écrie
vaillance	étendues	pressant	despotique	loi
destin	oiseaux	père	ambition	chaîne
arrête	sanglantes	avenir	fertile	odieux
héros	enivré	rendre	repos	église
suivre	alarmes	légèreté	abuse	François
courir	déborder	éperdue	discours	austères
guerre	paraître	héros	impostures	traits
coups	Paris	France	yeux	appelle
homme	extrême	lois	caresse	ennemis
liberté	attendiez	volage	-nheureux	temples
tyrannique	parole	mains	soumise	foi
fers	Sabins	proie	humiliés	sacrée
poussière	rallient	éclair	guerres	autel
rois	yeux	alarmes	trépas	prospères
diadême	tempête	aridité	France	bras
trompeur	destins	languissent	horreur	encore
brigues	-mpressent	pieds	visage	signal
braver	luit	fécondes	servir	solennelle
orages	rives	cruels	tonnerre	furieux
teint	combats	guerre	fers	fanatiques
entreprise	renverse	autrefois	mondaines	soldats
faveurs	entraîné	terribles	uuivers	cilice
absoudre	fondues	vainqueurs	profonde	impétueux
281.	assiégeans	armes	tyrans	entreprise
secrets	dégage	Mars	partage	soumission
profonde	étonné	tranquille	attraits	nécessaire
sanglans	fatale	pouvoir	importune	applaudit
inquiétude	jours	naissante	amour	envoie
appui	accable	vérité	légitime	peur
-hardirent	honneur	imitèrent	soupirs	-mphitrite
Brissac	inexorable	revêtu	impie	séditieux
intrépides	sort	désire	pleurs	nouvelle
repentir	crimes	mœurs	injure	trépas
maître	Paris	profanée	humains	bassesse
tour-à-tour	salutaire	-onnement	politique	portés
solitaire	vigueur	sanctuaire	révérés	caprices
pleurs	cruelle	odieux	modèles	eaux
éplorée	bras	maximes	vigueur	profondes

-brasemens	282.	-missantes	baissés	tonnerre
amolissent	mortelles	inhumain	austère	horreur
sédition	parts	impie	dessein	-uvantable
espérance	prudence	long-tems	conduisent	jours
équité	discours	homicides	sacrés	victime
vénérable	traces	payens	France	effroi
appui	univers	soumise	transport	même
confiance	ordinaire	fureurs	pères	importans
ambition	côtés	turbulente	trépas	mystère
courage	épuisée	feux	sincère	simplicité
armer	amitié	prêtres	désirs	paraître
cohorte	-éterminée	-guisemens	sommes	genoux
gladiateur	habitans	éternelle	éclairer	langue
assemblée	mémoire	apprêts	artifice	voix
lois	vous	paraître	séditieux	bénisse
cabales	solitaires	trépas	homicide	Villeroi
paix	mortels	tête	effort	zèle
maitres	profonde	autrefois	curieuse	cœurs
abusé	ravir	abondance	surnaturel	sages
doute	nécessaires	appareil	imbécille	conduit
Sénat	flatteurs	retraite	-ouveautés	lettre
vengeance	brigues	éclatant	obscure	-ressement
brûlans	fatal	fière	flambeau	justice
immobiles	vie	encens	images	bras
effroi	emplois	offrandes	autel	furie
guide	puissance	pays	rangées	assassin
fers	enfin	vie	affreux	France
justice	âge	imiter	monde	appui
souverains	dévotion	différée	-erstitions	martire
France	fatale	roi	furie	illusion
Bayeul	autels	vie	sang	peut-être
destinées	poussière	effroi	rage	poison
enchaîné	tyrans	église	courroux	dernière
vengeance	impures	voix	blasphême	rangés
état	éprouver	vengeance	univers	plaintes
-mentables	misère	sauvés	sacrifice	-angement
bourreau	hauteur	persécute	cruel	intéressée
crimes	enflammée	desseins	Samarie	clameurs
trépas	expirans	épée	Ateïus	sensibles
mémoire	-atholiques	fatal	prononce	amitié
mutins	airs	solitaire	forcer	même
tranquille	sombres	présent	nature	effort
-alheureux	nom	guide	nuit	-ctorieuses
intestines	détruire	erreur	gloire	roi
au-dehors	Arnon	confiance.	serein	orages

dû	ordinaire	citoyens	tempêtes	vengeur
environne	honoré	plâtre	roi	portes
criminel	-vantables	échafauds	rapide	main
génie	épargner	autres	fureur	rage
coups	cabales	jaloux	guerre	impétueux
barbare	yeux	répondre	conduit	emporte
mort	déclare	irrité	terrible	feux
proie	tribunal	pensées	efforts	nue
airs	abhorre	confus	avancent	élémens
têtes	entouré	poussière	bouclier	étincelles
appui	-éplorables	horreur	-mphantes	horreur
affermie	inhumains	terre	effroi	pillage
dangereux	Ibérie	airs	ranime	trésors
politiques	voix	armée	parts	tonnerre
dessein	naissance	cris	cruelle	ardeur
fidèle	cœur	salutaires	mur	gronde
soldats	audience	brillans	guerre	horreur
maître	infecté	désolées	fureur	révère
Aumont	constance	sort	rage	toi
terre	autorité	sombre	effort	aime
lois	empresse	ennemis	incertaine	vainqueur
courage	flots	prépare	renversés	envoie
rois	écumante	remparts	orages	courroux
maîtres	lois	s'avance	rival	pénétrée
mains	suprême	orageux	carnage	-assemens
apprête	choisir	crainte	tems	formidable
	insigne	grands	élite	soldats
283.	soudain	avenus	fois	tête
nous	visage	entourés	patrie	danger
patrie	vous	avance	lieux	tranquille
droits	maître	parts	Aumale	foi
France	occuper	ouvrages	Dieux	lumière
décrets	prétendre	renversés	assemble	doux
aveuglée	vengé	poudre	bras	retire
assassinat	colère	combats	querelle	autrefois
imaginaire	deux	carnage	rival	aimable
desseins	publique	-dustrieux	avantage	désespoir
l'être	emportés	effroyables	plus	têtes
bruit	rage	enflammé	Pyrénées	tour-à-tour
furie	sermens	furie	orageux	ombres
choix	instruire	renfermer	-puissante	séjour
publiques	vertus	carnage	-gueilleux	
seigneurs	sommes	ouverts	montagnes	284.
France	gouverner	tonnerre	précipités	infinie
députés	être	offrir	rebelles	bienfesans

indigence	tout	supplices	vérité	nature
corps	invisible	-onquérans	gémissante	arts
nature	éternels	embrase	remparts	empire
désirs	même	fainéans	insensible	lieux
envoie	yeux	ministres	mains	lumière
appui	maître	-rrupteurs	-explicable	enfuit
appelle	tous	enchères	désirs	harmonie
secrets	nature	cœurs	fière	-nchanteur
silence	payens	paresse	briser	conquêtes
héros	confondue	confondus	attachée	climats
diadême	entendit	faiblesse	choix	paraître
fils	tonnerre	pleurs	grâce	rival
suffire	écouter	engloutie	vainqueur	assemblage
roi	rendre	retour	connaître	main
stérile	cœur	mère	tems	guerre
enfuit	volontaire	ravir	honteuses	Villars
empire	précipité	victimes	roi	amène
chemins	sauvage	humains	empresse	majesté
lumière	brillans	-ompenses	séjour	trône
éclairs	haïe	tyrans	images	arrêter
embrasée	confusion	vengeresse	tems	juste
environné	-vantables	ennui	naissance	humains
immenses	climats	avance	sort	vertueuse
allumé	abîme	obscurité	connaitre	paix
lumière	ouverts	vue	fils	alarmes
ans	louche	cœurs	Ibère	réunis
presse	étincelans	empire	lys	ruines
appui	soupire	sacré	chaîne	tombeau
espace	abattus	-mplissent	soldats	espérance
fin	égarée	ardeur	titre	yeux
réside	douceur	âges	immortels	connaître
divers	maximes	Clovis	politique	yeux
replongées	effrénés	-dversaires	ennemi	première
pieds	impie	rois	orage	-bandonner
ignore	conduit	propice	déclarés	profondes
clameurs	immondes	cœurs	industrie	ports
ignorance	vois	fidelle	desseins	victoire
tems	parricide	rang	abondance	terreur
-achmanes	cruels	mémoire	outrager	calomnie
-uccesseurs	loue	fruits	même	-ouveautés
contrées	lois	vie	genoux	habile
forêts	vie	Foix	France	vigilans
inquiète	commis	Amazone	animé	maître
pénitens	passagères	cieux	diverses	éclairs
silence	dextérité	chère	effort	guerrière

nouveau	pays	avance	flancs	guide
cachée	Seine	roi	-jaillissent	mort
rois	roi	tempête	effort	vie
proie	trace	honneur	cimeterre	soldats
-ouvement	combat	-flammées	côtés	fidelle
maître	Eure	tems	courage	fureurs
fils	trésors	Alcide	pas	fatale
politiques	civiles	mers	étincelle	expiré
plus	pauvreté	gronde	effort	élance
fermèrent	alarmes	coutelas	résistance	pas
vermeil	lieux	terre	-alheureux	carnage
sombres	alarmèrent	enfer	lumière	furieux
cœur	pas	courage	cris	-tentissent
crainte	charmes	sang	larmes	sort
Israël	paix	contraire	fureur	terrible
poussière	aime	affreux	victoire	airs
	rangs	hérissées	déserts	carnage
285.	terre	chemin	monde	rois
assemblée	guerriers	génie	attendris	fidelle
effroi	armes	éternels	amante	coups
incertaine	impétueux	terribles	bords	courage
honteux	crime	éclairs	éperdue	cercueil
-diadême	Bouillon	rapides	-terrompus	gloire
appui	conservée	destin	encore	éclair
appelle	eux	impatiente	sanglant	tonnerre
Canillac	altière	corps	déplorable	appui
rage	brillans	escorte	affreux	gloire
pas	maîtresse	mains	salutaires	flanc
blessures	à-la-fois	occupée	dispersés	trouble
ranger	Feuquières	combats	courage	honneur
Thessalie	fatal	-ndomptée	courroux	irrite
cieux	visage	trépas	Guise	soudain
nuc	abattu	cruelle	vertu	foulèrent
secourir	injustice	menaçans	Fossense	morts
paroles	-sentimens	meurtrière	épars	fière
secours	faiblesse	appas	rapide	peur
France	soldats	charme	torrent	alarmée
révérés	confiance	ciel	Feuquière	éperdus
-incelantes	valeur	tremblante	périr	renversent
appareil	pâturage	précieux	belle	offerts
joie	-rgueilleux	guerrière	danger	poursuite
obstiné	superbe	mourans	sévère	précipiter
vie	fureur	colorée	orgueil	course
droits	gloire	main	flammes	effroi
téméraire	orgueil	rompues	ingrats	cruelle

yeux	rage	tison	solitaire	révérés
Mayenne	-alheureux	nature	hasards	licence
honneur	puissance	serpens	[nature	divin
funeste	affaiblir	tranquille	Eurotas	instruire
Paris	suprême	côtés	paraître	payens
courage	-jourd'hui	poudre	Cidnus	austère
exécuter	Seine	pardonner	redoutable	discours
terrible	jour	course	généreux	délices
rugissant		abattu	nouvelle	infecté
prompte	286.	fatale	sein	infortunée
côtés	Idalie	fers	surprendre	clairs
-ouvrirent	tems	onde	carquois	sagesse
firmament	-chitecture	guerriers	prochaine	humains
victoire	verts	altière	mots	victoire
courroux	éclorre	soutien	nouvelle	courts
présence	moissons	tremblante	appas	colère
terreur	profonde	fleurs	parure	vengeur
grâce	humains	dorées	vents	charmes
désormais	abondance	plaisirs	-xprimable	yeux
maître	-chanteurs	joie	austérité	claire
roi	maîtresses	renommés	enfantine	appas
gloire	fleurs	onde	désirs	charmes
éperdus	séduire	destin	possible	amans
haine	serein	Sicile	sein	inspire
soldats	nues	nouveaux	feuillage	repos
carnage	gazons	Arétuse	arrêter	trempée
sang	silence	jours	-anteresse	mains
tonnerre	désirs	Eure	devoir	faiblesse
-sanglanté	entrée	enlacés	soupirent	instans
ravie	audacieux	Grâces	champs	sommeille
besoins	tendre	enfin	aurore	languit
messagère	peur	guerre	soupirs	présence
mers	livide	guérets	retraites	baissés
oreilles	venin	inhumaine	troupeaux	tristesse
curiosité	perfide	calmés	d'Estrée	témoin
gloire	fureurs	orages	jour	colère
porté	affreuse	airs	immortelle	toi
alégresse	éternel	fidèles	lui	ravie
ligueurs	terre	jour	enivrée	mutiné
retentirent	douceurs	humide	étonnés	victoire
esprits	conquêtes	flambeau	croire	terreur
retraite	bienfaits	sombres	abattus	maître
rassurer	rage	troublés	France	défenseur
zèle	allumés	passagère	Louis	lustre
imposteurs	terribles	climats	-émisphère	lieux

adore	rangèrent	renversé	misères	sort
attiré	défenseur	lamentable	trépas	coururent
évanouie	nuage	vain	fanatiques	pleurs
couverts	-t'rouverts	bouche	paternels	ose
éternelle	farouche	mourant	souffrance	mains
yeux	fureurs	Mayenne	yeux	crimes
amante	arrêtent	esprits	-ophétique	grands
vain	ouverts	Aumale	nombreux	misère
elle	lumière	égaré	stériles	enfans
douceur	éclairé	-t'rouverte	effrayés	même
inflexible	sacrée	horreurs	vie	prix
chemin	vengeur	crainte	sein	empire
surmonte	dévorante	horreur	Belgique	généreux
	désarmés	élevèrent	métier	armée
287.	invincible	Louis	cohortes	paix
mollesse	humains	terrible	morts	obéissent
préparé	apportés	airs	adultère	lents
arrête	cieux	ruines	consumant	sombres
étendards	carrière	ardeur	heureuse	torrens
foudre	bouclier	patrie	horreur	extrême
courroux	honorable	épargner	mémoire	défenseurs
joie	rend	audace	inhumains	-croyables
troublés	défense	investir	cruelle	sort
timide	roi	alarmes	coutelas	envie
cacher	protectrice	animé	charmes	cruels
heureuse	bras	indigence	effrayé	rage
vertu	suprême	céder	défaillante	rois
batailles	vainqueur	vengeresse	fécondité	offense
Mars	arrogance	valeur	vie	sauvés
silence	deux	oisive	Paris	langage
confus	adresse	séjour	misère	discours
suivre	éclatant	cruelle	tombeau	éloquence
offrir	précipite	affreux	égarée	abattu
porte	saisir	affaiblie	acier	séduire
combats	craindre	efforts	-pitoyable	-jourd'hui
gloire	détourné	fêtes	soldats	couronne
paraissez	éclatante	goûtés	joie	réunir
courage	divers	mollesse	fureur	hérétiques
valeur	croire	-oluptueux	présente	rois
France	furieux	opulence	inhumains	furie
toi	colère	jours	pâture	odieux
épée	vigueur	entière	tous	divine
genoux	faiblesse	momens	prononce	accomplis
élance	flanc	nature	agités	alarmes
parût	frémirent	poudreux	funeste	paternel

durable	nuit	devoir	Dieu	tout
divers	provinces	pouvoir	sucrées	-achorette
-telligence	——	déguise	sacrées	retraite
paix	288.	franchise	amour	Vénus
même		mortels	séjour	agnus
séraphins	solitaires	grimaces	dolentes	nonette
face	fierté	cruels	-rveillantes	toilette
erreur	vérité	Grâces	maison	bas
asservie	austères	autels	raison	pas
Ottomans	liberté	profonde	faire	fidèles
providence	trace	monde	plaire	dentelles
humains	disgrace	meilleur	travaux	cours
présente	accens	erreur	bandeaux	atours
-uelquefois	intéressans	Lares	partie	voile
rebelle	lyre	Casaniers	caracoller	tours
désobéit	jours	foyers	rossignoler	toile
guerre	amours	barbares	modestie	amours
cœur	empire	dangers	prudent	tours
ouvrage	malheurs	étrangers	badinant	piquante
ignoré	pleurs	chante	cesse	flottante
connaître	traversée	touchante	justesse	parloir
projets	erreurs	Nevers	tems	miroir
justice	Odissée	vers	différens	silence
pénétrer	lecteurs	-sitandines	histoire	héros
-branlèrent	surannées	fameux	réfectoire	indolence
appui	Dieux	généreux	désirs	travaux
tendue	années	badines	plaisirs	partage
cieux	ennuyeux	rigoureux	infatigable	moineaux
couvrent	infortunée	heureux	table	rage
satisfaits	Enée	personnage	douceurs	faveur
elle	lui	rivage	sœurs	langueur
religion	ennui	rien	fines	charmes
combattue	volages	bien	-sitandines	mœurs
lieu	ouvrages	volage	jour	alarmes
renaissante	sujet	âge	cour	cœurs
éperdus	objet	innocent	-sionnaire	horreurs
abandonne	maximes	cage	loisir	larmes
souhaits	rimes	couvent	ordinaire	malheurs
aime	portraits	décrire	choisir	sœurs
voix	secrets	dire	mère	——
armes	grilles	directeur	nuit	289.
épouvantés	vétilles	cœur	réduit	
salutaire	traits	sincère	discrettes	école
fortuné	faiblesses	père	proprettes	parole
désarmée	politesses	lieu	goût	repas

pas	auditeurs	Nantes	désordre	parti
livre	-entillesses	Visitation	consentir	
vivre	professes	mères	séraphine	290.
perroquets	récit	nation	partir	
coquets	finesses	dernières	sacristine	vagabonde
mondaines	débit	premières	fois	onde
humaines	croire	vanté	voix	dragons
dévot	-liquement	vérité	présage	gascons
guidée	auditoire	dévore	voyage	monastère
idée	autant	encore	horreur	-mpagnons
mot	mémoire	Nevers	terreur	façons
cantiques	-faitement	envers	arrive	étrangère
mystiques	gloire	heure	rive	leçons
bénédicité	-votement	supérieure	adieux	style
charité	-destement	attraits	cruelle	évangile
soliloque	science	Loire	tourterelle	entretiens
coque	cadence	Nantais	ennuyeux	mentales
manoir	sanctifié	gloire	lieux	vestales
savoir	édifié	souhaits	alarmes	chrétiens
savantes	gentilles	réponse	larmes	dévote
cerveaux	mots	là	séjour	gargotte
nouveaux	filles	semonce	charmes	chemin
fréquentes	grilles	mourra	tour	vin
régentes	enclos	épître	amour	-rronnelles
imitateur	délectable	chapitre	appelle	ruelles
lenteur	véritable	abord	fidèle	juraient
-guissantes	Hébé	mort	flots	sacraient
-missantes	vénérable	isolées	repos	fermes
cœur	abbé	sort	exilée	termes
chœur	aimable	voilées	consolée	embarrassé
cloître	rangé	loisir	cours	forcé
connaître	voyagé	plaisir	amours	produire
soir	mémoire	chose	poupine	dire
mignonnes	gloire	enclose	langueur	faveur
nonnes	souvenir	manquait	sourdine	rêveur
voir	avenir	Perroquet	Racine	-onastique
parloir	histoire	assistantes	cœur	-ancolique
fine	dangereux	-résidentes	parleur	douceur
-ectateurs	heureux	vivement	drôle	-éthodique
couleurs	croire	charmant	ingénu	sœur
enfantine	flatteurs	prudentes	parole	rire
cœurs	mœurs	obstiné	défendu	sire
Néophite	brillantes	Nantes	vertu	interdit
mérite	climats	embéguiné	vole	dit
-chanteurs	appas	ordre	retenti	commères

confrères	Nevers	croyable	-munauté	Bibiane
tems	neuvaines	Diable	prieure	donné
encens	ingrats	dragon	intérieure	incarné
constance	peines	jargon	libertin	conscience
flétrissans	chaînes	litanies	réponse	damné
patience	cas	cérémonies	dédain	science
innocence	monastère	dépité	prononce	prôné
maudit	obsédé	détesté	faquin	route
maîtresses	solitaire	emporte	folles	Écoute
esprit	gardé	sorte	chemin	Nevers
finesses	digne	cou	paroles	pervers
-élicatesses	révérend	où	Augustin	jeunesse
soins	bénigne	peine	taire	sagesse
moins	fervent	emmène	frère	Lucifer
bête	brigand	rumeur	mutin	enfer
discours	insigne	nouvelles	tain	cage
toujours	eaux	chœur	mère	davantage
tête	travaux	ailes	coquin	scandaleux
jours	infinie	parloir	divin	mieux
dragonne	génie	voir	grève	détestable
nonne	pudeur	-ymétrique	crève	convaincu
animal	cœur	poids	caquet	vertu
mal	Nantes	Angélique	paquet	exécrable
docile	-patientes	fois	précieuses	coupable
habile	naissait		babillard	dépravé
maugréer	-sparaissait	291.	grondeuses	âge
bénitier	flatteuse		nazillard	plumage
maximes	ingénieuse	repaître	corsaire	achevé
crimes	cultivé	oiseau	propos	réprouvé
scélérat	élevé	être	colère	tourrière
noviciat	édifiante	beau	mots	port
mémoire	achevé	maître	bateaux	compère
Loire	attente	nouveau	dissolue	bord
vertigo	sort	traître	revue	Iliade
écho	port	attraits	bec	retour
susdite	lettre	connaître	grec	sérénade
mérite	mettre	traits	diables	séjour
honneur	flots	rassemble	effroyables	-onsolables
suborneur	héros	ensemble	voix	troublés
organe	béguine	-urdonner	croix	redoublés
profane	mine	tonner	monde	vénérables
séducteur	tapinois	vacarme	couvent	assemblés
cœur	étamine	piété	Cunégonde	suffrage
scènes	voix	carme	dent	lui
déserts	croix	effronté	organe	cage

appui	sœurs	amour	paupières	-temises
sibylles	sensible	infidèles	bosquets	mises
mort	rigueurs	mortelles	perroquets	fleurs
imbéciles	matines	fleurs	Corinne	pleurs
sort	pralines	légères	doctrine	bocages
profane	destin	plenières	mort	sœurs
brachmane	chicotin	ardeurs	dépositaire	ramages
voix	infortune	douleurs	circulaire	malheurs
choix	importune	indiscrète	sort	-traindre
abstinence	enfin	diète	future	plaindre
silence	moine	douceurs	nature	douleurs
biscuits	unisson	liqueurs	amour	cœurs
interdits	ton	dragées	vie	glose
misère	chanoine	changées	broderie	oiseau
geôlière	conversion	retenir	tour	tombeau
couvent	vengeance	soupir	entour	repose
douairière	pénitence	destinée	funèbres	-psycose
-ogénaire	jour	fortunée	célèbres	perroquet
pénitent	allégresse	plaisir	tombeau	caquet
inflexible	tendresse	dernières	nouveau	

292.

Calypso; dans sa; sa grotte; les nymphes; elle se; mais ces; souvent; et elle était.

Tout-à-coup.. bancs.. rames.. gouvernail.. mât.. cordages; puis elle; il avait; la déesse; mais quoique; c'est que; et Minerve.

Cependant; elle s'avance; d'où vous vient; sachez; elle tâchait.

Télémaque lui; ô vous; seriez-vous; quel est; il se nomme; son nom; maintenant; sa patrie; Pénélope; je cours; mais que dis-je; ayez; et si vous savez.

Calypso étonnée; et elle demeurait; enfin; mais l'histoire; il est temps; venez dans; venez; vous serez; et je ferai.

Télémaque suivait; il admirait; Mentor.

On arrive; on n'y voyait; cette grotte; elle était; les doux; des fontaines; mille; là on; ce bois; là on n'entendait.

La grotte; de là; d'un autre; les divers; les uns; d'autres; d'autres par de; on apercevait; les montagnes; le raisin; le figuier.

Calypso ayant; reposez-vous; ensuite; en même temps; les nymphes; et elles y avaient.

Télémaque voyant.

Mentor lui; sont-ce; songez; un jeune homme; la gloire.

Télémaque répondit: que les dieux; non; mais quelle faveur.

Craignez; craignez ses; le naufrage; gardez-vous; la jeunesse; quoique fragile; elle se confie; gardez-vous; craignez ce poison; défiez-vous.

Ensuite ils; les nymphes; on n'y voyait; un vin; on apporta; en même temps; d'abord elles chantèrent.. Géans.. Sémélé.. Silène.. Atalante.. Troie.. Ulysse; la première.

Quand Télémaque; mais comme; à l'instant.. Centaures.. Orphée.

Quand le repas; vous voyez; je suis; nul; et votre naufrage; votre père; mais hélas; je l'ai gardé; il n'a tenu; mais l'aveugle; vous voyez; il voulut; et je fus vengée; son vaisseau; profitez; après son naufrage; consolez-vous.

La déesse ajouta; elle raconta.. Polyphême.. Antiphates.. Circé.. Scylla; elle représenta; elle voulut.

Télémaque qui; il répondit; ô déesse; peut-être; laissez-moi; vous savez.

Calypso n'osa; elle feignit; mais pour mieux; le récit; non non; il me tarde; elle le pressa; enfin il ne put.

J'étais parti; les amans; j'avais pris soin; Nestor; lassé; mais le sage; il me représentait; de l'autre la flotte; ces Troyens; mais surtout; retournez; peut-être que; mais si les deux.

Ces paroles; mais je n'étais pas; je n'écoutai; le sage; et les dieux.

Pendant que Télémaque; elle était; elle

croyait; mais elle ne pouvait; ainsi elle demeurait; alors elle appréhendait; continuez; Télémaque reprit.

Nous eûmes; mais ensuite; à la lueur; et nous reconnûmes; ils n'étaient; je compris; Mentor parut; c'était lui; je sentais; il donnait; je lui disais; ne suis-je pas; oh si jamais; c'est vous.

Mentor en souriant; je n'ai garde; il suffit; mais quand; maintenant; avant que de se jeter; mais quand on; soyez donc; montrez.

La douceur; mais je fus; dans le moment; la pouppe; il se hâta; il les attacha; il ordonna; en cet état; ils poussèrent; nous fûmes même; enfin nous demeurâmes; et pendant que les vents.

Nous y arrivâmes; mais ce que; nous trouvâmes; c'était-là; à peine; ils brûlent; ils égorgent; ils ne réservent; nous entrons; et notre mort.

On nous présenta; il nous demanda; Mentor se hâta; nous venons; ainsi il évita; mais Aceste.

Cette condition; je m'écriai ô roi; sachez; je cherche; si je ne puis.

À peine; ô fils; vous et celui; en même temps; leur sang; Enée.

Tout le peuple; déjà on; on y avait; le glaive; on nous avait; c'était fait; il lui dit.

O Aceste si; la science; hâtez-vous; mettez; et ne perdez; si ma; si au contraire.

PROSE.

Aceste fut étonné; je vois; en même temps; on ne voyait; les bœufs; c'étaient; mais les principaux.

Avant la fin; puis on aperçut; c'étaient les Himmériens; ceux qui avaient; le roi dit à Mentor; j'oublie; nos ennemis; les Dieux; je n'attends; hâtez-vous.

Mentor montre; il prend; il range; il marche; Aceste quoique; je ne suis; sa cuirasse; la mort; semblable; et les bergers.

Ces barbares; les sujets; de ma lance; car ce peuple; il méprisait; mais sans; il pensa; le bruit; je pris; Mentor ayant achevé.

Un succès; Aceste touché; il nous en donna; mais il ne voulait; il nous donna; mais les Dieux.

TABLE

DES 292 NUMÉROS DU SOUFFLEUR.

FABLES.

FABLES DE LA FONTAINE.

LIVRE PREMIER.

1. La Cigale et la Fourmi.
2. Le Corbeau et le Renard.
3. La Grenouille qui se veut faire aussi grosse que le Bœuf.
4. Les deux Mulets.
5. Le Loup et le Chien.
6. La Genisse, la Chèvre et la Brebis, en société avec le Lion.
7. La Besace.
8. L'Hirondelle et les petits Oiseaux.
9. Le Rat de ville et le Rat des champs.
10. Le Loup et l'Agneau.
11. L'Homme et son Image.
12. Le Dragon à plusieurs têtes et le Dragon à plusieurs queues.
13. Les Voleurs et l'Ane.
14. Simonide préservé par les Dieux.
15. La Mort et le Malheureux.
16. La Mort et le Bûcheron.
17. L'Homme entre deux âges, et ses deux Maîtresses.
18. Le Renard et la Cicogne.
19. L'Enfant et le maître d'Ecole.
20. Le Coq et la Perle.
21. Les Frêlons et les Mouches à miel.
22. Le Chêne et le Roseau.

TABLE.

LIVRE SECOND.

LIVRE TROISIÈME.

TABLE.

LIVRE QUATRIÈME.

LIVRE CINQUIÈME.

LIVRE SIXIÈME.

LIVRE SEPTIÈME.

TABLE.

LIVRE HUITIÈME.

TABLE.

LIVRE ONZIÈME.

LIVRE DOUZIÈME.

FABLES DE LAMOTTE.

FABLE D'AUBERT.

FABLE DE DORAT.

FABLES DE FLORIAN.

POEMES.

ART POÉTIQUE DE BOILEAU.

FIN.

www.ingramcontent.com/pod-product-compliance
Lightning Source LLC
Chambersburg PA
CBHW051548050726
47595CB00002B/687

* 9 7 8 2 0 1 3 2 4 9 1 8 8 *